山水旅情詩畫

莊大青——著

隨那 Elbert 的腳步～

自序

　　旅加多年,熱愛大自然的我,每有假期,恣意的馳騁世界的名勝,踏訪深山小徑,只為著尋訪深藏大自然的美景。在雄偉的大自然裡,遊子有如過客般,多年來曾經以兒子 Elbert 為名,在 Elbert 的部落格裡,記錄著旅遊的點點滴滴,如今決定重新整理編輯重寫,並且加入許多未曾發表的照片文章,出版成書。

　　在人生歷程裡,首先感謝慈愛父母的培育與照顧支持,也感謝清秀溫柔的老婆,與乖巧的一兒一女,陪伴著我,遍訪世界大地的點點滴滴。最後,則是要感謝博客思出版社的張加君總編,楊容容副總編,沈彥伶編輯,和各位編輯同仁,以及親友們給予許多的鼓勵與協助。

　　世界大地數萬里,多少奇景深蘊涵,
　　高山流水道不盡,期待有緣且與藏。

　　一步一腳印,曾經深入許多國家公園與景點的步道,拍攝著大自然的美景。希盼本書裡,抑揚的文字,有如連綿壯麗的山巒,捎來大自然的音籟。繽紛的照片,有如晨曦交織的彩雲,飄落大自然的色彩。讓大家的心靈,在展卷之時,洗滌塵世的煩憂瑣碎,滿懷大自然的無限風情,心靈喜悅而舒暢。

莊大青

友人贈序

Elbert 爸爸是我們全家的貴人。這話講來一點也不誇張。

十年前,我在部落格裡「結識」了 Elbert 爸爸一家人。很喜歡閱讀他的遊記,當時身為忠實讀者,在他文章留言時,最後一句總是:「好美啊!希望有一天我和家人能身歷其境。」

這對昔日忙碌的我而言只是夢想;直到有天,幾位格友聊到教養,我提到因工作關係,看到很多男孩沉迷網路,要如何預防?記得 Elbert 爸爸回應說:「要幫孩子找到比 3C 更有趣的興趣!」

什麼會比 3C 更有趣? 當然是大自然啊!自此下定決心:陪伴就讀國小的兒子走入大自然!

於是,近幾年我們全家照著 Elbert 爸爸的文章裡的路線造訪二十多個美加國家公園,不可思議的凝聚家人的感情。

妙的是,兒子也常到 Elbert 爸爸的部落格裡看文章做功課。有天,他告訴我,他覺得這些文章傳達了一個訊息,就是:人在大自然裡要學習謙遜!(瞧!好的文章還能幫忙教養孩子啊!)

現在回頭再來讀 Elbert 爸爸的文章,更加體會:

他是詩人,總在文字裡點綴飛揚的詩意!
他是攝影家,照片呈現山水的寧靜與威嚴!
他更像是哲學家,時時藉景抒情,對人生恬然以對!

多年來引頸期盼 Elbert 爸爸出書,終於等到了!不敢稱此為序,較像是好友代表,藉機感謝 Elbert 爸爸的文章,在這段歲月裡,提供我們生活裡的養分!誠心希望更多讀者能像我們一樣幸運,透過這位達人的書,看到不同的旅行和人生。

陸茵茵

山水旅情詩畫 CONTENTS

加拿大篇
CANADA

加拿大洛磯山～弓河之戀～

多情脈脈的弓河，問她來自何方？
她來自那晶瑩剔透的冰河，
她來自那翠藍澄澈的湖泊。
問她經過何處？
她穿梭於蓊綠的森林裡，她蜿蜒於壯麗的群峰中。
問她要去何方？
她縈迴於加拿大班芙國家公園後，
那多情纏綿的河水向東流，一去而不復返……

悠悠的弓河 (Bow River) 全長 587 公里，東流在亞伯它省注入南薩斯喀徹溫河後，經過薩斯喀徹溫河，溫尼伯湖和納爾遜河，最後流入哈德遜灣的大海。她是加拿大班芙國家公園內最主要的溪流，今天請隨 Elbert 流連回眸的腳步，漫遊班芙國家公園的弓河風光。

探訪著弓河的源頭，那是亙古歲月的瓦伯塔冰原 (Wapta Icefield) 和冰雪匯聚的弓冰河 (Bow Glacier)，弓冰河的流水形成潺潺的冰河瀑布，彷彿在訴說雲彩的故事，於那雪白山峰與青綠草原森林交織中，孕育出纏綿的弓河之水。

在弓湖湖畔有一條來回 9 公里步道，往返約 5 小時，可通往這弓冰河瀑布 (Bow Glacier Falls)。記得那日深入步道，欣賞著岩壁上飛瀑漫漫而下的景色，瀑布之水悠悠的順流來到弓湖。

弓湖海拔約 1920 公尺，是個狹長形的美麗湖泊，名稱起源於當地的印第安 cree 族，把附近的樹木拿來當弓的材料，另有一說是另一族 Peigan 族也就是 blackfoot 族，把湖畔和河邊的蘆葦茅草來製作弓箭。

▲瓦伯塔冰原，弓冰河和冰河瀑布

◀弓冰河瀑布

◀瀑布之水悠悠的順流來到弓湖

　　曾經多次讓恣意的目光，在不同時刻，不同角度欣賞到這弓湖的風情。尋覓著路旁小徑來到弓湖畔，藍天白雲瀟灑飛揚，弓湖湖面平靜如鏡，岩石之山倒影湖中，所謂巖壑閒遠，水石清華，如此美麗的的景色令人屏氣默然，深恐那微微的氣息，擾亂了那一泓平靜的湖面。

　　也曾於正午時依偎湖畔，悠然的瞻望，凝視著碧藍清澈的湖泊，遠眺著冰河滿佈的山峰，湖光與山色，朝陽落日曾經駐足，曉星明月亦曾留連，而人們的心靈更融入於那山湖之影裡。

▼藍天白雲瀟灑飛揚

◀弓湖湖面平靜如鏡，
　岩石之山倒影湖中

◀凝望著碧藍清澈的湖泊

◀遠眺著冰河滿佈的山峰

在另一個展望點，青空冉冉，壑色蒼蒼，岩嶢壯麗的山峰，令人望而生畏。然而溫婉的弓湖，在喬松瑤草中，美麗的煙波湖色，則是令人陶醉！

▲白雪與白雲相互交織處，那就是有名的鴉爪冰河。

▲細看鴉爪冰河

　　閒看蒼天，浮雲飛舞，峰巒俊峭，白雪與白雲相互
交織處，那就是有名的鴉爪冰河 (Crowfoot Glacier)。
這冰河狀似烏鴉的三爪，因而得名，可惜因為地球暖
化，冰河退縮，那中間的爪痕已然消失了，人與大地共
處，真是應該好好保護環境。

▲蓊鬱森林中的海克特湖

　　弓湖之水緩緩溢流，形成弓河之水，不久後與海克特湖交接。蓊鬱森林中的海克特湖 (Hector Lake)，有林蔭小徑可通湖畔，湖畔只見山峰綠樹倒影湖面，松籟悠然的迴盪中，綠草碧湖真是使人清新舒暢！

　　婀娜多姿的弓河繼續淙淙而流，此時嫵媚動人的露易絲湖水 (Lake Louise) 來會合，俄而清秀碧籃的夢蓮湖水 (Moraine Lake) 亦來相聚，曲折迴繞中，來到的班芙市鎮。

▶嫵媚動人的露易絲湖水

▼清秀碧籃的夢蓮湖水

◀夢蓮湖

　　班芙市的入口處，弓河化為多個湖泊，這是硃砂
湖 (Vermilion Lakes)，硃砂湖因傍晚時刻，在夕陽餘暉
下讓湖面呈現硃砂色而成名。

▼硃砂湖

▲湖面有著 Rundle Mountain
藍道山的倒影

幾多年前，Vermilion Lakes 是個大湖，如今已被水草灌木叢分隔成數個湖，湖面有著 Rundle Mountain 藍道山的倒影，2948 公尺的 Rundle Mountain 藍道山是班芙市的代表山峰，從市內都可以仰望那獨特峻峭的山容。

弓河河畔有一古堡的建築屹立，那是有名的班芙溫泉旅館 (Banff Springs Hotel)，也是加拿大太平洋鐵路公司建於 19 世紀末的一系列古堡大飯店之一，建於 1888 年，後來因火災在 1920 年重建，經歷多次整修。望著那典雅壯麗的外觀，青銅色的屋頂，融合了中世紀和文藝復興時期特色的建築，雖然不是金碧輝煌，但是古樸的外表中流露著細膩雅致的情感，那氣勢和韻味令人流連……

溫柔的弓河也有澎湃熱情的一面，流水激盪是弓河瀑布，白練般的水流穿梭岩石而下，激盪的水花，繽紛的陽光，悠閒綺麗的景緻。

▲有名的班芙溫泉旅館 Banff Springs Hotel

▲流水激盪是弓河瀑布

▼遠望雄偉的藍道山，而那弓河流水就繼續東流

　　坐在石上靜靜凝望，移聽那流水聲淙淙，遠望雄偉的藍道山，而那弓河流水就繼續東流，不久明尼萬卡湖 (Minnewanka Lake) 流出 Cascade River 之河水來會合後，悠悠進入平原，回歸大海。欣賞著美景，悄然來的一陣風，風去無影難尋覓，偶然飄來的落葉，也隨那滔滔的弓河之水，已然一去不復返。

▲明尼萬卡湖

韶光飛馳，流水年華，
目送水痕渺杳杳，思隨流水去茫茫，
凝望那漫漫的流水，總是格外感嘆著時光的流逝！
光陰的歲月，蹉跎的青春，
彷彿就像那江水東流不回頭。
舊日的歡悰，往昔的愁思，
回憶只能依稀存在那遙遙大海裡。

　　回想在 1954 年有一部非常經典的電影，大江東去，這是一部西部的愛情片，是由瑪麗蓮夢露和勞勃米契主演。當他們乘坐木筏順河而下，與印第安人戰鬥，奮力於激盪溪流中，然後穿越瀑布而下到達目的地，這如詩如畫的溪流就是弓河。最後場景那壯麗迷人的瀑布就是弓河瀑布，那動人心弦的大江東去主題曲，《The River of No Return》彷彿再次縈迴耳際，冉冉的時光也有如歌詞中一直吟唱的「no return」「no return」……不再回頭，不再回頭，正是歲月催人老，時光要珍惜。

資料篇：

班芙溫泉旅館 (Banff Springs Hotel) 網站 :http://www.fairmont.com/banffsprings/
詳細資料請參考班芙國家公園網站 :https://www.pc.gc.ca/en/pn-np/ab/banff

歐哈拉湖環形縱走～
徜徉在那高山湖泊裡～

夏風迎面送，峰巒眉黛秀；
白雲過高嶺，煩襟盡消散。
湖畔依偎處，漣漪蕩山影；
水繞雲縈裡，世間清勝地。

晨間搭國家公園的巴士，來到歐哈拉湖 (Lake O'Hara)，悠鶴 (Yoho) 國家公園的歐哈拉湖，海拔約 2020 公尺，隱藏在數座 3000 公尺以上的高峰裡。歐哈拉湖的湖畔有間小木屋，裡面有賣簡單的餐飲和地圖，我們在此略做整理，準備開始歐哈拉湖環形 10 公里大縱走，現在就請各位跟隨 Elbert 陶醉的腳步，欣賞這加拿大最美麗的湖泊秘境。

沿著環湖西側步道緩緩而行，歐哈拉湖 (Lake O'Hara) 群山環繞，湖水晶瑩清澈，每一個角度都有不同的風情，帶來不同驚奇。

▶尖聳的 Cathedral Mountain

　　小徑向南處，可見西北邊尖聳的 Cathedral
Mountain，海拔 3189 公尺，清晰的倒影在歐哈拉湖上。

　　而東北方則是有山形奇特的 Wiwaxy Peak，這座
山海拔 2703 公尺，聳立在湖旁，猶如歐哈拉湖的守護
神。尖峭的山峰，垂直落差約 700 公尺直降湖畔，令
人仰之彌高，壯麗無比。從 Wiwaxy Peak 沿伸過去的
山稜更是節節高升，3368 公尺的 Mount Huber 非常高
聳，而更東 3464 公尺的 Mount Victoria 更是高高在上。

　　白雪與岩壁交錯的巨大山峰，嵯峨的山容，矗立
於清澈湖旁，真是山峰悠悠雄壯著人的心靈，湖色涓涓
浥潤著人的心扉。

　　小徑蜿蜒處向東望去，朝陽透過晨霧，越過 3423
公尺的 Mount Lefroy，輕輕灑在碧藍帶著墨綠的湖面
上，靜倚歐哈拉湖畔，聆聽著輕柔的漣漪拍岸聲，攀附
著山光湖色，沉醉於深山中的清靜之湖，正是：

晨風吹來波浩渺，薄霧輕飄過湖面。
嫵媚風情迴盪處，雖無杜康也醉人。

　　不久我們捨棄環湖小徑，開始邁向深山中的
Opabin Lake 步道，這步道穿越森林，越過溪流，約 10
分鐘後來到瑪麗湖 (Mary Lake)。此湖海拔約 2054 公
尺，湖畔滿佈蓊鬱森林，湖色渲染一片青綠，而海拔
2692 公尺的 Mount Schaffer 屹立湖畔。

▶靜倚歐哈拉湖畔

▼瑪麗湖

◀海拔 2692 公尺的 Mount
　Schaffer 屹立湖畔

◀磊磊岩石步道回眸俯瞰

◀兩個湖泊悄悄的
　倚偎在森林中

過了瑪麗湖後，步道開始沿著山壁陡峭而上，爬高約 100 公尺後，磊磊岩石步道回眸俯瞰，近處的瑪麗湖呈現清淺的碧藍，而稍遠的歐哈拉湖則是展現深邃的湛藍，兩個湖泊悄悄的倚偎在森林中，滿眼的青綠森林，充滿著無限的綠意。此時岩石旁有小型動物出現，這是黃腹土撥鼠 (Yellow-bellied Marmot)，又稱黃腹旱獺，一種常常在北美山區岩石和草地活動的土撥鼠，這種土撥鼠體重約 5 公斤，看起來胖胖的，因為在夏天時會努力的大啖野花或是高山植物，以供冬季冬眠時的能量。

▼黃腹土撥鼠

▼這裡是展望最美最遼闊的地方

　　此時山徑繼續往高處攀爬，從山稜的叉路口向左可以到達 O'hara 展望點，這裡是展望最美最遼闊的地方。此時歐哈拉湖完全呈現眼前，有如一晶瑩剔透的藍寶石，湖泊在巨峰的擁抱下，碧藍的湖景顯得如詩如畫！而那瑪麗湖彎曲的湖面，翠綠帶藍的色澤，在陽光下也展現不同的風采，讓我們靜靜地凝望……

　　藍天中白雲飄浮，青山綠水夢如幻，悠然窺盡湖光山色之妙境，欣賞這種大自然雕塑的美景，真是只能用感恩的心靈，怡然的去體會。

▲歐哈拉湖完全呈現眼前

▲悠然窺盡湖光山色之妙境

　　迎接朝陽，翻越山嶺邁向歐佩本高台 (Opabin Plateau)，首先映入眼簾的是摩爾湖 (Moor Lake)。

　　摩爾湖嬌小可人，湖畔綠草青青，參差的樹木悄然依偎，遠處則是 3368 公尺的 Mount Huber 高高聳立，湖面倒影清新，靜坐湖畔令人沉醉，只有微微的山風輕輕撥動湖面，讓那倒影湖色展現夢幻的波瀾，令人不禁再三回眸眷戀。

▲摩爾湖

跨越小溪，漫步於山谷中，深山裡傳來的是跫足聲，谷地上泛來的是流水聲。幽靜的山谷風光明媚，聆聽著水流聲籟，凝望著溪水去處，只見溪水緩流匯聚池水依依。遠處又見山勢嶔奇的 Wiwaxy Peak 與的胡伯山 (Mount Huber)，在藍色穹蒼裡，展現壯麗的山容。

▲跨越小溪

▲溪水緩流匯聚池水依依

▲湖之南濱三峰聳立

　　隨著彎彎的山徑，來到了亨格比湖 (Hungabee Lake) 西邊，湖之南濱三峰聳立，依次為左側 2847 公尺的優克尼斯山 (Yukness Mountain)，中間 3281 公尺的林羅斯峰 (Ringrose Peak)，和右側 3493 公尺的亨格比山 (Hungabee Mountain)，其中亨格比山不但是洛磯山脈主稜的高大山峰，也是附近的最高峰，高大壯碩的山容令人感到敬畏。

　　亨格比湖悠然北望，真是谷地山水如畫，藍天白雲瀟灑，只見……

　　參差的雲煙輕移藍天裡，投影在湖心的雲影蕩漾；

　　在清風徐拂中，欣賞那湖面輕輕波浮雲影，遠望那湖濱遙遙天接山痕，凝眸深深感受綠波盪漾著無限的美景，總是有著塵囂盡去的感覺。

　　暫時揮別亨格比湖，山徑開始沿著亂石堆而上，但是美景總是在回首時。岩石磊磊裡，有人在高處回頭凝望，萋萋芳草中，稀疏林木裡，亨格比湖靜靜地依戀在群峰中，攀附著山景無限，晴空裡水淨見雲飄，恰似天上散落的藍寶石，默默地鑲嵌於滿眼青綠中……

▲亨格比湖悠然北望　　　▼亨格比湖靜靜地依戀在群峰中

辛勤向上的步伐來到了 Opabin Plateau 歐佩本高台的小山丘上，一泓碧藍如玉的湖水呈現眼前，這就是我們計劃午餐休息地點的歐佩本湖 (Opabin Lake)，歐佩本湖海拔 2284 公尺，湖泊略成三角形，隱藏在海拔 3493 公尺高大的亨格比山 (Hungabee Mountain) 的山坳處。

▶歐佩本湖

▼尋著小徑來到湖畔

◀湖畔錯落著平坦的巨石

◀哥倫比亞地松鼠

　　尋著小徑來到湖畔，湖畔錯落著平坦的巨石，好像天然的石凳，在此享受美好的午餐。午餐只是土司夾肉鬆外加飲料，雖是簡單的食物，但在如此美麗的大自然裡，這享受真是勝過山珍海味，欣賞周遭山湖美景的感覺，更勝百萬裝潢的餐廳！

　　此時旁邊岩石中，蹦跳出一隻小小的松鼠，更是憑添無限野趣。這哥倫比亞地松鼠 (Columbian Ground Squirrels) 是松鼠科的一屬，頭尾長大概有 30 到 40 公分，分佈在北美洲的哥倫比亞地松鼠，喜歡活動於高山草地中，看起來真是玲瓏可愛。

午餐後休憩半晌，緩步輕移，欣賞著各種角落的歐佩本湖 (Opabin Lake)。

看碧藍的湖面，冰河白雪的倒影亮麗清晰，午後煙雲起於山岫，那巧雲恰似移步湖面上，在絢爛的湖面上，刻劃出瀲灩著無限的美景。而歐佩本湖水從岩石中慢慢溢出，在出口處那緩緩的流水，輕輕攪拌著水裡的泥沙，有如大自然的水彩渲染，在湖濱綻放出瑰麗的色彩，那是如夢似幻的顏色，深山中的歐佩本湖是如此的浪漫美麗！真是愛山不厭山行遠，山中彩湖任遨遊。

▶歐佩本湖

▶再次看到亨格比湖

▲亨格比湖東側湖畔

　　尋著另一側山徑而下，又再次看到亨格比湖
(Hungabee Lake)，有著再次喜相逢的感覺，而北方的
山峰綿延，高高矗立，左邊是 Odaray Mountain，海
拔 3159 公尺，龐大的山容氣勢磅礡，中間是海拔 3199
公尺的 Mt. Stephen，右側則是海拔 3189 公尺尖聳的
Cathedral Mountain。

　　這時我們沿著亨格比湖 (Hungabee Lake) 東側湖畔
而行，湖畔的倒影清新亮麗，又是一番景色，正有如任
何事務都要從多方面欣賞和觀察，才能夠多方面的體
會，也才能夠更深刻的瞭解。

　　只見蒼松環繞的湖景依舊是繽紛美麗，湖光山色
中漫誼心情，紛紛白雪裡浪漫心海，在此廣闊燦爛的山
川景緻間，但求洗滌塵懷，情滿湖心。

　　小徑繞過湖畔，這時一分為二，一條是直接下降
到歐哈拉湖畔的環湖道路。不過我們則是選擇右側的
Yukness Ledges 步道，沿著高聳海拔 2847 公尺的優克

▶俯瞰亨格比湖

▶山腰小徑

尼斯山 (Yukness Mountain) 的山腰小徑，通往另一 O 字開頭的歐伊紗湖 (Oesa Lake)。這段 Yukness Ledges 步道還頗長的，開始沿著亂石堆而上，這些磊磊巨石是以前冰河經過時留下的石頭堆積而成，行走其中並不好走，層層疊疊的亂石中俯瞰亨格比湖 (Hungabee Lake)。

湖畔如茵芳草淺鋪，湖中清澈綠水逶迤。
徐拂山風樹影搖曳，波動山巒白雪倒影。

真是令人陶然的景色！

踏著惱人的亂石堆陡上，越爬越高，接上沿著海拔 2847 公尺的優克尼斯山 (Yukness Mountain) 的山腰小徑，山腰小徑東側是垂直高聳的岩壁，西邊則是陡峻而下的的落石崖壁，看起來非常驚險。行走其中要亦步亦趨，安步當車，自然可以順利走過。這段山徑雖然有點驚險，但是因為沒有樹林阻擋，視線非常的遼闊。這時約下午 2 點，在這裡巧遇和我們早上一起 8 點 30 分搭巴士的 3 個人，他們是一對中年夫妻和 17 歲的兒子，那位 17 歲的青年很高興他父母帶他在如此漂亮的地方，這種懂得感恩之心，令人讚賞！

邁步山徑上，首先可以俯瞰看到那 Opabin Plateau 歐佩本高台，只見山谷中松柏羅列，綠蔭中曲水緩流，湖光滿色。寂靜幽谷的景色，多少塵囂俗事，盡入清清流水，而遠處群峰聳立，山色如畫。在層層疊疊的山巒中，有如藍寶石般的歐哈拉湖，半掩含羞再次呈現眼前，靜靜地倚偎在綠意森林中，如此景致，不禁令人吟誦著：

藍色穹蒼上，飛舞白雲逍遙，
煙雲競秀處，孤峰絕頂瀟灑。
幽壑琤琤中，峽谷巨岩肅穆，
峽轉山回裡，林間碧湖婉約。
徘徊好景地，白駒已然過隙。

　　高山的天氣真是瞬息萬變，俄而……風起雲擁，
彤雲斜飛。要加快腳步了，這時路徑轉折向東，又是另
一番景象，遠處高峰連連，而歐伊紗湖 Oesa Lake 前還
有個小湖泊，那是雷佛洛伊湖 (Lefroy Lake)。

　　來到雷佛洛伊湖 (Lefroy Lake) 的南側，湖雖不大，
但是湖面顏色非常亮麗。繼續前行，可見泉石幽靜處
一瀑布悠悠流出，尋覓瀑布源為何處，躍上瀑布泉源，
來到了歐伊紗湖 Oesa Lake。

▼歐伊紗湖 Oesa Lake
　前還有個小湖泊

▲雷佛洛伊湖

◀歐伊紗湖

　　歐伊紗湖 Oesa Lake 湖面略成長形，海拔 2258 公尺，湖畔巨峰林立。左側是 3423 公尺的雷佛洛伊山 (Mount Lefroy)，中間是頂上有小冰河 3283 公尺的冰河峰 (Glacier Peak)，右邊則是 3281 公尺尖銳的林羅斯峰 (Ringrose Peak)，歐伊紗湖 Oesa Lake 就依偎在三大巨峰擁抱裡。

　　由於這時候天空雲霧迷漫，缺少了陽光的照射，湖水呈現出黛青的色彩。而那雪峰，白雲，岩壁，在湖

面多情的眷戀，形成多彩的清晰倒影。深山裏，煙寂靜，山湖好景靜靜的呈現眼前。

揮別歐伊紗湖 Oesa Lake，這時再次看到雷佛洛伊湖 (Lefroy Lake)，只見幾棵枯松隨意倒落湖畔，浮雲輕盈漂過，松籟悠然迴盪，美麗的湖色深刻人心！

▶ 湖水呈現出黛青的色彩

▼ 雷佛洛伊湖

　　陡坡而降，路旁又有一小湖泊，維多利亞湖 (Victoria Lake) 近在咫尺。這時雲消霧散，林羅斯峰 (Ringrose Peak) 在藍天中顯得格外壯觀！而歐哈拉湖遙遙在望。

▲維多利亞湖

41

▲歐哈拉湖遙遙在望

　　潺潺溪流編織成飛瀑，繼續奔瀉而下，那清澈溪流如魚兒的喋喋，那有如鳴玉般的聲籟，在空山裡格外的響徹，正是：世事漫隨流水，算來一夢浮生，而山徑也沿著瀑布旁持續下降。

　　此時仰望路旁的 3368 公尺的胡伯山 (Mount Huber)，顯得更是高聳崢嶸，整座山峰巨石磊磊。而岩壁上則是懸掛著一絲白瀑，欣賞這壯麗景致，令人琴心三疊，高山流水之意充滿心靈。

　　但是一山更有一山高，胡伯山右側 3464 公尺的維多利亞山 Mount Victoria 更是高高在上，壯碩的山容令人蔚為奇觀，只見白雲淺拂雪山，逍遙的徜徉在藍色的穹蒼中……在維多利亞山的北側，就是名聞遐邇，遊人如織的露易絲湖。

　　回盼雲山，那 3423 公尺的雷佛洛伊山 (Mount Lefroy)，頂上有小冰河 3283 公尺的冰河峰 (Glacier Peak)，在藍天裡依然展現出磅礴的氣勢，而白練般的

▲潺潺溪流編織成飛瀑

▲ 3368 公尺的胡伯山

▲左側的胡伯山和右側的維多利亞山

▶左側雷佛洛伊山
　右側冰河峰

瀑布流水蜿蜒於岩壁森林裡。在剛陽裡捎來了溫婉之意，岩縫中的高山小花也綻放出美麗的色彩，正是遙山雄偉，流水媚嫵，花兒嬌嫩，真是和諧美好的大自然。

登足迴響聲中，來到優克尼斯湖 (Yukness Lake) 優克尼斯湖湖畔巨石錯落，蒼松稀疏。

湖水有如綠寶石般的亮麗，但是在這寂靜的深山裡，平時只有浮雲輕盈得漂過，松籟悠然得迴盪。

湖泊東側是海拔 2847 公尺的優克尼斯山 (Yukness Mountain) 尖銳的山容猙獰無比，才剛走過的 Yukness Ledges 步道就是從其山腰通過。而山形崔巍 2703 公尺的 Wiwaxy Peak，頂上是巨岩，山腰是青蔥的森林，在藍天白下，也顯現出瀟灑飄逸的山勢。

▲優克尼斯湖

▲ 2703 公尺的 Wiwaxy Peak

◀優克尼斯山

　　躑躅於環湖步道上，可以從不同角度領略歐哈拉湖之美，邂逅在湖光山色中，欣賞那湖中波光搖曳，倒影清晰。遠處山巒浮現的雲朵，瀟灑的飄浮天空，自在的投影湖心，真是湖光山色情幾許，山風白雲心相隨。

　　沿著美麗的湖畔，看到了住宿小木屋美麗的倒影，終於在下午 5 點半回到小木屋，最後一班巴士是 6 點半，還有一個小時可以慢慢欣賞歐哈拉湖之美。在小木屋前的湖畔有小木椅，這是被稱為最經典 (classic) 的觀景處，很多歐哈拉湖明信片都是在這角度取景。

◄住宿小木屋美麗的倒影

▼歐哈拉湖最經典的觀景處

午後斜陽下的歐哈拉湖，有如換裝一樣，

不再是碧藍的顏色，而是呈現出青翠黛綠的色彩。

邂逅在湖光山色中，欣賞那湖中波光搖曳，倒影清晰，

遠處山巒浮現的雲朵，瀟灑的飄浮天空。

流盪山間的歲月，紛紜紅塵的夢覺，

已然令人忘卻翳翳的時光，更是令人忘卻煩憂名利。

正是富貴草頭垂露，何用苦貪求，唯有求心靈之平靜！

然而時光如流水，巴士已經快要到達，再次回眸美麗的歐哈拉湖，遠處山巒依然景色明媚。今天 10 小時的健行路線，正刻劃在那遙遙山嶺之中，不禁令人再三回顧著歐哈拉湖，此時心境，有如池畔的蒼松，盪漾於藍天碧湖中……

▲午後斜陽下的歐哈拉湖

資料篇：

這裡有人數限制，那國家公園巴士，現在改成利用網路預訂，可以說是幾乎訂不到。

如果步行約 2.5 小時那走 11 公里道路進入，就沒有限制。這環湖縱走約 10 公里，經過許多大小湖泊，步程約 7 小時。

優鶴國家公園網站，裡面有地圖和說明：

https://www.pc.gc.ca/en/pn-np/bc/yoho

歐哈拉湖 (Lake O'Hara) 網站：

http://www.lakeohara.com/

優鶴 Yoho 國家公園·
歐哈拉湖 Lake O'Hara
與麥克阿瑟湖 McArthur Lake

　　飄落的雲影，隨著山裡的清風，悠悠的浮在湖面。飄零的遊子，呼喚殘存的冰河，想著過去的時光，在這遺世獨立的湖畔。

　　在加拿大洛磯山中的 Yoho 優鶴國家公園，一般遊客會去造訪翡翠湖 (Emerald Lake) 與塔卡考娃瀑布 (Takakkaw Falls)。至於公園中絕美的歐哈拉湖 (Lake O'Hara)；因為有人數限制，而且巴士幾乎訂不到，所以必須花 2.5 小時走 11 公里。如此的山高路遠，交通不便，遊客不得不望而卻步。

　　我們則是無懼那漫漫長路，來回走那 11 公里的道路，且繞道瑪麗湖 (Lake Mary)，外加來回 8 公里的麥克阿瑟湖 (Lake McArthur) 步道，約 30 公里的行程，只為探訪那山中遺世獨立的嫵媚之湖。

　　請隨 Elbert 堅毅的腳步，欣賞這加拿大洛磯山中絕美的景色！

▶歐哈拉湖周遭群峰聳立

▲左到右 Wiwaxy Peak.3368 公尺的 Mount Huber.3464 公尺的維多利亞山

　　夏日清晨時分，迎著冷冽晨風，伴著晶瑩曉露，踏上漫漫山路，望著遙遠的山，尋覓娟秀的湖。步行許久，來到歐哈拉湖 (Lake O'Hara) 旁的 Le Relais Day Shelter 小木屋。這裡賣著簡易的餐點、咖啡、飲料等，是登山者最佳的補給站。

　　漫步歐哈拉湖 (Lake O'Hara) 是怡然的享受，海拔約 2020 公尺的歐哈拉湖 (Lake O'Hara)，周遭群峰聳立。

　　仰首望去，有山勢嶔奇的 Wiwaxy Peak，海拔 2703 公尺。尖峭岧嶢的連峰，垂直落差約 700 公尺直降湖畔。Wiwaxy Peak 已經很高了，但是 Wiwaxy Peak 沿伸過去的山稜更是節節高升，3368 公尺的 Mount Huber，有如石疊堆疊的巨大岩峰，山容崢嶸壯麗。Mount Huber 右側是維多利亞山 (Mount Victoria)，海拔 3464 公尺，山形磅礡宏偉。維多利亞山 (Mount Victoria) 的另一側，就是聞名遐邇的露易絲湖 (Lake Louise)。

　　僅僅的一山之隔，綺麗的露易絲湖 (Lake Louise) 人潮洶湧，湖畔充滿著喧嘩的人聲；但是這清秀歐哈拉湖 (Lake O'Hara) 則是寥寥旅人。湖旁只有松籟與水波蕩漾之音，滿懷清靜悠閒之意。

　　歐哈拉湖 (Lake O'Hara) 的湖色頗為奇特，呈現出墨綠微黃帶藍的色澤；不過如果從高地俯瞰或是轉換角度，則是呈現藍色，美的令人難以捉摸。

　　從歐哈拉湖 (Lake O'Hara) 起步，我們先繞到瑪麗湖 (Mary Lake)。瑪麗湖 (Mary Lake)，海拔約 2050 公尺，位於歐哈拉湖南邊不遠處。這湖泊的湖色呈現黃綠色，湖畔對岸海拔 2691 公尺的 Mount Schaffer 高高聳立。

　　沿著松林間的步道，來到一草原平台，草原上有小木屋數棟，這是屬於私人登山會 (Alpine Club of Canada) 的木屋 The Elizabeth Parker (EP) Hut。海拔約 2040 公尺，這簡易的木屋可以預訂住宿，不過沒有電力、棉被、照明、必須自備睡袋。

▼但是這清秀的歐哈拉湖則是寥寥旅人

◀轉換角度則是呈現藍色

◀瑪麗湖的湖色呈現黃綠色

◀私人登山會的木屋，
The Elizabeth Parker Hut

木屋旁松杉林立，淺草滿鋪，靜寂可人。周遭高山環繞，近在咫尺的是海拔 2955 公尺的 Little Odaray 與 3159 公尺的 Odaray Mountain；龐大的山勢，彷彿守護著這青翠的草原。另一側則是海拔 3189 公尺的 Cathedral Mountain，尖峭的山容，崛起於森林線上，氣勢昂然，睥睨著群山。漫步淺草穿越森林，來到三叉路口，繼續往麥克阿瑟湖 (Lake McArthur) 方向前行。

步道在此開始向上蜿蜒，續行到一平緩高台。一泓清淺湖泊，依偎在山坳中，這是薛佛湖 (Schaffer

▶近在咫尺的是海拔 2955 公尺的 Little Odaray 與 3159 公尺的 Odaray Mountain

▶另一側則是海拔 3189 公尺的 Cathedral Mountain

▲一泓清淺湖泊，依偎在
山坳中，這是薛佛湖

Lake)。只見綠草如茵迤邐，岩石隨意散落，清淺湖色
洋溢著寂靜悠然的氣氛。步道在湖畔一分為二，不過卻
是殊途同歸，我們取左道而行。

　　一開始仍然步行在平緩草原上，夏日的高山野花
盛開，把綠意盎然的草地點綴的繽紛燦爛。鮮紅色的
火餤草 (Paintbrush)，燦爛奪目，有如豔麗的絕世美人。
淡紫色的高山雛菊 (alpine aster)，清秀淡雅，好似溫柔
的婉約少女。多彩的野花渲染著綠盈盈的草地，美的連
哥倫比亞地松鼠 (Columbian Ground Squirrels)，都目不
轉睛的欣賞。

▲鮮紅色的火餤草

▲淡紫色的高山雛菊

▲美的連哥倫比亞地松
鼠 (Columbian Ground
Squirrels) 都目不轉睛的欣賞

不久後，路徑變的陡峭，道旁亂石累累，回望可見海拔 3368 公尺的 Mount Huber。裸露的岩壁，崔巍磅礡的山勢，高高的聳立，令人望而生畏。山谷的南側，則是海拔 3083 公尺的 Mount Owen。山勢孤拔挺立，山頂冰河懸掛，那皚皚的冰雪依偎在峰巒上，風情千萬自娟娟。

正是：

漠漠雲影在藍天，純淨冰雪在山巔，
悠悠山風起山袖，浮沉名利皆喚醒。

▶回望可見海拔 3368 公尺的 Mount Huber

▶海拔 3083 公尺的 Mount Owen 山勢孤拔挺立

邁向陡坡▲

▲在這藍天白雲的涼爽夏風中

▲偶有黃腹旱獺，慵懶的享受夏日暖陽

　　步道繼續陡上，跨越石堆，攀爬峭壁，邁向陡坡，
在這藍天白雲的涼爽夏風中。

　　行至更高的草原平台，此時，清風徐來，白雲自
動，萋萋綠草中，幾株金松傲立，幾許巨石散落，偶有
黃腹旱獺，慵懶的享受夏日暖陽。這是個與世無爭的偏
遠勝地，只有山風吹動碧草，彷彿不知年華轉換。

▲越上高高的鞍部，這裡海拔約 2330 公尺。

　　越上高高的鞍部，這裡海拔約 2330 公尺，是麥克阿瑟湖 (Lake McArthur) 步道的最高點。在此往下一望，可見藍色波影在山中晃動，這就是麥克阿瑟湖 (Lake McArthur) 了。順著步道而下，麥克阿瑟湖慢慢呈現眼前。

　　湖旁山崖高地，這是麥克阿瑟湖最經典的畫面。高崖上，幾株落葉松 (Larch) 屹立，盛夏的落葉松青綠無比，不過在秋天時會變成金黃色，然後掉落，因此 9 月底是麥克阿瑟湖最美的時候。

　　我們在此休憩野餐，悠然的欣賞麥克阿瑟湖的湖光山色。

◀可見藍色波影在山中晃動，
　這就是麥克阿瑟湖了。

◀這是麥克阿瑟湖最經典
　的畫面

◀高崖上，幾株落葉松
　(Larch) 屹立

▲麥克阿瑟湖也一直在變
幻，展現著不同的風情

　　許多芸芸眾生，只知汲汲追逐那如煙雲的虛幻名
利，豈知山中歲月的微塵濯盡，又怎能明瞭萬年冰河之
湖的純淨。

　　沿著小徑而下，此時陰晴不定，飄揚的浮雲有如
頑童般，不時遮掩著夏日的驕陽。湖隨雲黯黯，風逐水
悠悠，麥克阿瑟湖也一直在變幻，展現著不同的風情。

　　佇立在麥克阿瑟湖的湖畔，又是一番景象。此時，
山風稍緩，湖波漣漪微生，湖面宛如明鏡，雲山倒影清
晰，不禁令人吟唱著：

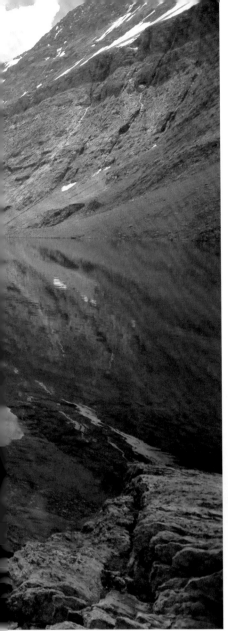

◀佇立在麥克阿瑟
湖的湖畔，又是
一番景象。

◀湖波漣漪微生，
湖面宛如明鏡，
雲山倒影清晰

◀風止收湖波，
為君展清影

　　崇巒群山奇，山裡藏碧湖，颼颼涼風起，煙雲出山岫。
雲影湖面落，來去且無蹤，風止收湖波，為君展清影。

　　渾然天成的麥克阿瑟湖，美的令人不忍移步離去，只
想待在湖畔，盡享這眼前天地間之精華景色。然而日薄風
柔，山嵐緩緩湧現，湖面欲平還皺，陣陣湖波蕩漾，不禁
令人淺聲深嘆時光飛馳，也該揮別這清靜的山中仙境。離
開時，再次依依的回盼這山中碧湖，眼波流裡呢喃著：

山中有清湖，婷婷展風情；
風斂影自現，雲收水自藍。

回程我們走另一側的步道，途中有不知名小湖，池水清淺明澈，孤寂的隱藏在這群峰中。

高山氣候變化瞬息萬千，快到薛佛湖 (Schaffer Lake) 時，彤雲斜飛，不過到湖畔時，藍天再現。陽光照耀著薛佛湖 (Schaffer Lake)。幾許碎石鋪岸邊，湖色映日翠明媚，而湖旁海拔 2691 公尺的薛佛山 Mount Schaffer，略呈三角形的山容，壯麗的屹立。

▶途中有不知名小湖，池水清淺明澈

▶快到薛佛湖時，彤雲斜飛。

▲陽光照耀著薛佛湖

▲歐哈拉湖畔

▲住宿小木屋則是悄然立在湖畔

　　快步回到歐哈拉湖畔，躑躅於環湖步道上，從不同角度領略歐哈拉湖之美。邂逅在湖光山色裡，遠處 3423 公尺的雷佛洛伊山(Mount Lefroy)，高山岩壁有著皚皚白雪。林縫隱約可見七道白紗之瀑，住宿小木屋則是悄然立在湖畔。

而歐哈拉湖的湖色，在忽陰忽晴的天候裡，不定的山風，澹澹的湖波，湖色呈現出時而黛綠，忽而墨綠的色彩。正是：湖光山色含繽紛，流連遊子醉湖畔。

在這山水旖旎流轉裡，可嘆時光跟著流過，然而在輕聲的跟歐哈拉湖道別時，又令人想起遙遙山裡的麥克阿瑟湖，那奇幻的深藍！

正是：

浮雲蔽日，山風微拂，崇山高嶺，冰川晶瑩。
淺草綠松，奇石堆砌，山中湖泊，綺麗湖色。
山水含清，洗滌塵囂，虛名幻利，攸然忘懷。

資料篇：

來回 8 公里的麥克阿瑟湖 (Lake McArthur) 步道，落差約 310 公尺，加上來回共 22 公里的道路，

這一天總共花 12 小時走 30 公里。

優鶴國家公園網站，裡面有地圖和說明：

https://www.pc.gc.ca/en/pn-np/bc/yoho

歐哈拉湖 (Lake O'Hara) 網站

http://www.lakeohara.com/

歐哈拉湖 (Lake O'Hara) 巴士電話：(250)3436433

因為有人數限制，又因為只能網路訂位，瞬間全滿，所以巴士幾乎訂不到，必須花 2.5 小時走 11 公里，回程不一定有位子。

歐哈拉湖 (Lake O'Hara) 住宿電話：(250)3436418

住宿湖畔的小木屋是非常享受，因為只有 11 間，而且只有 6 月到 10 月開放，價錢可是非常昂貴。

▲湖光山色含繽紛，流連遊子醉湖畔

Mount Edith Cavell 健行

　　在一個白雲悠遊的午後，沿著彎曲 12.5 公里長的 Mt. Edith Cavell Road，蜿蜒而上到盡頭的停車場，來到傑士伯國家公園 (Jasper National Park) 的 Mt. Edith Cavell 山區。這裡的高度已經是 1760 公尺，景色非常壯麗。艾迪斯卡菲兒山 Mt. Edith Cavell，海拔 3363 公尺，山容磅礴嶙峋，在山的北壁有三個冰河，分別是 Angel Glacier 天使冰河，Cavell Glacier 卡菲兒冰河和 Ghost Glacier 幽靈冰河。

　　大自然是奧妙而且不可捉摸的！在 2012 年 8 月 9 日的凌晨 3 點時，在這山區並不平靜，彷彿是天使與幽靈交戰，然而邪不勝正，那幽靈冰河 (Ghost Glacier) 有如被天使重擊一樣，冰河整塊的融化崩裂，從大

▲ 把停車場和湖畔步道完全衝壞了　　　▲ 2009 年 8 月時的幽靈冰河

▲ 2014 年 7 月 3 日的幽靈冰河幾乎消失了

約 3000 公尺的高度直落約 1750 公尺的卡菲兒冰河池 (Cavell Pond)，重力加速度，把卡菲兒冰河池的池水與石塊，整個爆衝往山谷，那時情形有如海嘯一樣，把停車場和湖畔步道完全衝壞了，一直衝到下游的卡菲兒湖 (Cavell Lake)。

於是乎，現在原本就很小的幽靈冰河 (Ghost Glacier) 幾乎已經不存在了，冰河的融化與崩塌，這是地球氣候暖化所造成的。由於溫室效應的緣故，世界上的冰河正大幅度縮小中，過去的大冰河變成今日的小冰河，過去的小冰河就可能會消失了，這個現象，被視為地球暖化的指標，所以節約能源，保護環境，實在是刻不容緩的事情。

　　暫且忘卻這難解的問題，盡情欣賞這山川的美景，漫步來到卡菲兒冰河池 (Cavell Pond) 前望著盈盈一水，靜靜的依偎在卡菲兒山下，池色顯現著深奧的寶藍帶綠色彩，卡菲兒冰河悠然的鋪陳湖畔，細細觀查那冰河的紋路，那是種亙古歲月的痕跡，右側山腰則是 Angel Glacier 天使冰河，長約 1 公里，遠望有如張開雙翅的天使，氣象萬千，而且冰河下緣冰雪融化形成一瀑布，更是為天使冰河增加許多的風采。

▶望著盈盈一水，靜靜的依偎在卡菲兒山下

▶卡菲兒冰河悠然的鋪陳湖畔

回首望去，翠綠的山谷，隱約有一泓清湖，那是卡菲兒湖 (Cavell Lake)，藍天裡飄浮著煙雲，2602 公尺的 Franchère Peak，聳立在谷地的左側，也是明媚動人的美景。

　　開始邁向草原步道，一路直上，由於高處的地方仍然積雪，所以步道只開放一半，因此我們走約 2 公里，這裡的景色更是壯麗迷人。

◀ 右側山腰則是 Angel Glacier 天使冰河

◀ 2602 公尺 的 Franchère Peak，翠綠的山谷，隱約有一泓清湖，那是卡菲兒湖。

▲佇立在高點

◀海拔 3363 公尺的艾迪斯卡菲兒山，
高高的聳立。

▼嫵媚的卡菲兒湖

　　躑躅於湖畔，輕暖的東風，午後的斜陽，靜靜的凝望湖
水清澈，碧玉雲深中的呢喃，青山綠水裡的徜徉，最是令人
忘卻那縈牽的閒事，正是……

　　斜陽照湖色，湖水一灣清，
　　不見高人乘鶴過，只見風松搖清影。

資料篇:

Mt. Edith Cavell 在加拿大傑士伯 (Jasper) 國家公園中,這裡離 Jasper 小鎮不遠,從 Jasper 向南走 93 號公路,約 7 公里後轉 93A 公路,又 5.4 公里後右轉 Mt. Edith Cavell Road,再行 12.5 公里就可以到冰河步道起點的停車場。冰河步道 (Path of the Glacier) 繞一圈共 1.6 公里,坡度和緩,來回只需 40 分鐘。草原步道 (Cavell Meadows) 來回約 8 公里,需費時約 4 小時,有美麗的高山草原和更高的角度欣賞冰河。

國家公園網站:https://www.pc.gc.ca/en/pn-np/ab/jasper

美國篇
AMERICA

貝克山 Mt. Baker 秋天的詩篇

　　北雁南飛，秋水潺湲，落葉紛紛，秋天是騷人墨客喜歡吟誦的季節，多半都是感嘆歲月流逝，落葉凋零，寒冬將至。然而憂思總是起於人心，換一角度，美會令人陶醉，美會令人忘愁，這迷人秋色，絢麗浪漫，且將人心之感傷轉化為沉醉。

　　是的，秋風送爽，玉露呈涼，千里清秋的高山大地，披上黃黃紅紅的外衣，在那斜陽西風下，呈現炫耀燦爛的景致。那五彩濃郁的秋色漫漫流淌在人的心扉裡，已然化為心醉夢幻的永恆。

　　尤其是，壯麗雄偉的貝克山和浪漫多情的秋意，相互交織時，更是激盪出繽紛燦爛的色彩。

　　欣然的來到貝克山區，首先映入眼簾是公路旁的取景湖 (Picture Lake)。取景湖真是名副其實，這裡的湖光山色美景被印成月曆照片的次數，一直在美國是名列前矛。

　　湖之輕柔，山之剛陽，名湖總是有名山相伴隨。湖的東邊是山勢雄偉，海拔 2782 公尺 (9,127 英呎) 的薩克森山 (Mt. Shuksan)。那經過冰川刻劃的壯麗山容，伴隨著雪白冰河，倒影秋天五彩的湖泊，真是令人讚嘆的美景。

> 漫步湖畔，閒雲湖影，穹蒼清秋千里。
> 山坡草黃葉紅，湖上秋山夢裡酣，
> 湖面倒影繽紛處，
> 彷彿演繹著幾多紅塵歲月中的故事，
> 有如傾訴著幾多靈魂心曲中的思念。
> 秋意迷濛的景緻令人陶醉也令人惆悵！

▲首先映入眼簾是公路旁的取景湖

◀湖的東邊是山勢雄偉，海拔
2782 公尺的薩克森山

▲秋意迷濛的景緻令人陶醉也令人惆悵

▼山間一拂秋風，湖波蕩漾裡，山影漸迷濛。

▲北邊是薩克森山 Mt. Shuksan

山間一拂秋風，湖波蕩漾裡，山影漸迷濛。
然後那風的清寒，不禁喚醒了人們的秋夢。
且收拾著紛擾的思緒，把惱人的歲月與煩瑣，
託付給那空煙水流，消泯於那雪山碧湖，
讓心靈有如秋日的藍天，澄澈而明透。

　　來到公路的盡頭，這裡是藝術家點 (Artist Point)。
一個藝術家稱奇讚賞的高嶺。沿著步道緩緩而上，環目
四顧，視野遼闊，北邊是薩克森山 Mt. Shuksan。在藍
天中，那略呈三角形的山峰，感覺更是峻峭而雄偉。

　　和薩克森山 Mt. Shuksan，遙遙相對就是聳立南側的貝克山 Mt. Baker。滿佈白雪冰河的貝克山，巍峨壯麗，隔著深谷望去，更是顯得高不可攀。

　　目光朝著東南山谷望去，只見山高谷深，秋嵐輕飄，遼闊美麗的景觀令人痴迷。山間恍惚的歲月，不同的時間心境，用不同的角度看山，就會有不同的感觸與啟示。正是：

　　秋風穿林了無痕，白雲飄渺無拘束。
　　斜陽高山映白雪，山林深處任逍遙。

▲滿佈白雪冰河的貝克山

▲滿佈白雪冰河的貝克山，巍峨壯麗。

▲目光朝著東南山谷望去

▼只見山高谷深，秋嵐輕飄，遼闊美麗的景觀令人痴迷。

揮別藝術家點，我們沿公路繞回來到野餐區旁，
開始邁向貝格力湖步道 (Bagley Lakes Trail)。

　　此時秋天的穹蒼份外蔚藍，山坡黃綠灌木叢生，
幾許高松傲然佇立，俯仰之際，天地有夢，寄語在那浩
瀚的秋色裡。

　　沿著貝格力溪 (Bagley Creek) 畔步道緩緩而行。溪
谷有一攔沙壩，壩前匯聚的清淺小潭，潭水非常清澈，
連潭底倒木岩石都盡收眼底。

▲山坡黃綠灌木叢生，幾許高松傲然佇立。

▲沿著貝格力溪 (Bagley Creek) 畔步道緩緩而行。
▼潭水非常清澈，連潭底倒木岩石都盡收眼底。

▲山坡上五顏六色的秋葉，更為這山谷繪上迷濛的澄鮮色彩。

▶溪流平緩處，芳草迤邐。

來到貝格力湖 (Bagley Lakes) 的溪湖交接處，只見巨石散落，人們巧妙的利用地形，堆砌出弧形石橋跨越溪流。而那一溪秋水，映的是五彩的倒影，秋天的光影有如美夢般的情境。

　　大自然之美是在於純樸原始，步道，橋樑應該配合當地景物地貌。太多人工的修飾，反而是畫蛇添足。試想著這石橋如果換成巨大紅橋？那真是俗不可耐，自然色彩才是純真美麗的。

◀來到貝格力湖 (Bagley Lakes) 的溪湖交接處

◀步道，橋樑應該配合當地景物地貌。

　　靜靜欣賞著溪谷之美，浪漫的走上石橋上，這時貝格力湖 (Bagley Lakes) 已經呈現眼前。

　　漫步湖畔，向北凝望，藍天中捲雲輕移，微風緩拂湖面上的漣漪，湖面上的倒影迷濛蕩漾，綺麗湖光山色令人沉醉。向南望去，午後秋日陽光偏南，背陽山壁的充滿陰影，陰影中仍有殘雪。湖岸則是芳草萋萋，在陽光下有著浮光掠影的感覺。而湖畔坡上的色彩繽紛，靜靜的倒影湖中，正是秋水明媚依人，更能體會蒹葭蒼蒼，白露為霜，所謂伊人，在水一方的意境。

▼這時貝格力湖 (Bagley Lakes) 已經呈現眼前。

◀藍天中卷雲輕移，微風
緩拂湖面上的漣漪。

◀陰影中仍有殘雪

◀而湖畔坡上的色彩繽紛，
靜靜的倒影湖中。

▲湖畔的野菊綻放著夏日殘留的光芒。野菊上蜜蜂辛勤的採蜜。

秋風又見菊花黃，繁華總是三更夢，
湖畔的雛菊綻放著夏日殘留的光芒。
花朵上蜜蜂完全漠視周遭秋色之美，
只是辛勤的採蜜，未雨綢繆為寒冬做最後的準備。

秋籟深遠，颯颯的秋聲中感嘆著紅稀香少，
蕭蕭的枝椏深怨著夜晚的薄霜。
山野中的無奈，靜候著白雪將至。
山林中的希冀，期待著翌年之春，
秋意中的孤峰、靜湖、紅葉、青松、西風、秋水……
且將這秋怨與愁思忘懷，盡情的欣賞這迷人浪漫的秋色。

【貝克山簡介】

　　遙遠的年代，在 1792 年的海上，有位英國海軍艦隊軍官 Joseph Baker，從遼闊的太平洋上看到了雄偉積雪的山峰，感動的記錄下來，後來當代的探險家 George Vancouver 就稱這座山為貝克山 (Mt. Baker)。貝克山之名就一直延用至，而當地原住民則稱為 Koma Kulshan，意思為白色陡峭的山峰。

　　位於美國華盛頓州西北邊的貝克山 (Mt. Baker)，海拔 3285 公尺 (10,778 英呎)，是一座冰雪覆蓋的火山，從華盛頓州附近的平原甚至加拿大溫哥華，都可以看到那磅礴恢宏的山容。

　　貝克山從 1880 年後並沒有爆發記錄，山上有十二條大冰河，山頂冰雪終年不融，是全世界雪量最多的地區。在 1998-1999 雪量高達 1140 英吋 (28.96 公尺) 是世界記錄，山頂火山口積滿冰雪，形成 35 英畝平臺冰原，全美只有同在華盛頓州，海拔 4392 公尺的雷尼爾山 (Mt. Raine)，和在阿拉斯加州的 Mt. Wrangell 火山群有此相同獨特地形。然後這貝克山不是國家公園，是屬於美國國家森林服務處所管轄，(Mt. Baker-Snoqualmie National Forest)。

資料篇：

美國國家森林服務處所，(Mt. Baker-Snoqualmie National Forest)
http://www.fs.fed.us/r6/mbs/

[步道資料]
貝克山區登山步道很多可以在遊客中心內拿到這一區的簡介和資料。
在 542 號公路上 Deming 小鎮也有 Glacier Public Service Center。
地址 :10091 Mt. Baker Hwy, Deming, WA 。
記得繳停車費，美金 5 元。

比較普遍步道有：

Picture Lake Trail - Heather Meadows，
短短 0.5 英里的步道讓你漫遊 Picture Lake。

Wild Goose Trail 步道長度約一英里從 Heather Meadows 的遊客中心停車場，爬升 900 英呎的高度前往 Artist Point。

Bagley Lakes Trail 從野餐區的停車場起步環繞回 Bagley Lakes 和石橋步道，長度約 2.3 公里，非常平緩行。

最有名則是 Chain Lake Loop Trail，長度 7.5 英里的環狀步道一圈走下來，如果太累可開車到 Artist Point，附近走走桌山 Table Mountain，或步行到奧斯丁點 Austin Point。

除此之外還有 Lake Ann Trail， Boyd Creek Fish Interpretive Trail 等多條步道。

[交通]
從華盛頓州 5 號公路接 542 號公路，全長約 52 英哩。

▲加拿大 Boundary Bay Regional Park 看貝克山

秋遊雷尼爾山區之納奇斯峰環繞步道 (Naches Peak Loop)

　　瑟瑟金風，團團玉露，我們踏上 Naches Peak Loop 步道。

　　Tipsoo Lake 湖畔的草地並非青綠，而是在秋風的塗抹中，沾滿著秋日的色彩，絢爛又迷人……

　　410 號公路 Chinnook Pass 附近的山坡，有如彩繪著夢幻的色彩，1898 公尺的 Yakima Peak 仍然昂首聳立，在濃濃秋意裡，呈現出迷人的風采。

▶ Tipsoo Lake 湖畔的草地

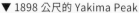

▼ 1898 公尺的 Yakima Peak

▼ 410 號公路 Chinnook Pass 附近的山坡

▲繽紛燦爛的些許紅葉

▲層層疊疊，色彩清麗迷人

▲來到無名小湖

▲穹蒼清秋千里

　　納奇斯峰 (Naches Peak) 的北邊山坡，由於背陽，
紅葉的情景還沒有那麼豐富，不過……繽紛燦爛的些許
紅葉，點綴著山坡的綠草，層層疊疊，色彩清麗迷人。
　　來到道旁的無名小湖，穹蒼清秋千里，秋水明媚
依人，湖畔坡上的色彩繽紛，隨那秋風，悄然的倒影湖
中，演繹著山中無盡的歲月與悠然。

▶秋水明媚依人

▼隨那秋風，悄然的
　倒影湖中

翻越山稜，來到了 Dewey Lake 展望點，Dewey
Lake 有如藍寶石般的夢幻，在紅黃綠各種色彩中，展
現迷人的絕代風華。

這一側山坡已經是向陽坡地，在秋陽照射下，披
上黃黃紅紅的外衣，在那斜陽西風下，呈現炫耀燦爛的
景致，五彩濃郁的秋色流淌浪漫在人的心扉裡。

◀ Dewey Lake

◀在秋陽照射下，披上
黃黃紅紅的外衣。

▼壯麗的雷尼爾山

▼繼續來到第二個無名小湖　　　▼這高山湖泊的倩影，帶來的無限風情。

　　濃郁的秋色裡，壯麗的雷尼爾山，彷彿不受春夏秋冬的影響，依然是白雪滿佈，雄偉壯麗。

　　繼續來到第二個無名小湖，此時……

　　山間的微微秋風，淺淺的撥弄湖面；輕輕的拂拭樹梢，這高山湖泊的倩影，帶來的無限風情，縱然有丹青筆觸，又豈能盡道出這無窮無盡的秋意美景。

漫步而下，山嶺橫翠奪目，脈脈秋煙如畫，徜徉於秋日時光裡，多少秋波情意，令人縈迴於心，徘徊難忘。

▲山嶺橫翠奪目，脈脈秋煙如畫。

▲徜徉於秋日時光裡

▲午後的雷尼爾山

　　此時，天晴似洗，煙雲消盡，午後的雷尼爾山，雄渾壯觀，矗立在悠悠的秋風裡！

　　回到 Tipsoo Lake 湖畔，遲遲湖景，煙和露潤，草黃葉紅。沿著湖畔漫步，景致隨時變化，恣意拾取山光水色，看那湖面有如明鏡，虛幻色彩的倒影，這浮光掠影之美。

▲矗立在悠悠的秋風裡

▲看那湖面有如明鏡,虛幻色彩的倒影。

▲這浮光掠影之美

堪笑此生如夢,充實彷若虛度,
亦嘆名利如幻,真實恰如虛無,

　　凝望著 Tipsoo Lake，夏日的雪崩百合已不見蹤影，
秋時的燦爛紅葉即將凋零，湖畔的納奇斯峰也將披上
白妝，天空遠，時光逝，淡淡閒愁，不禁悄然而起，
回首總是感傷，只能默默期待明年的花開時節……

◀ 凝望著 Tipsoo Lak

▼ 秋時的燦爛紅葉即將凋零

資料篇：

從西雅圖有 410 號公路，約 100 分鐘就可以到達 Tipsoo Lake，
納奇斯峰環繞步道 (Naches Peak Loop) 這步道全長約 5 公里，
落差起伏不大，約兩到 3 小時可以走完，最適合健行的季節是 7
月到 10 月，7 月底的高山花園與 10 月初的秋色，更是迷人。

雷尼爾山日出景點 (Sunrise) 健行

　　天方破曉，朝陽乍現，翩然來到雷尼爾國家公園裡 1950 公尺的日出點 (Sunrise)，朝霞絢爛著飛雲，也映紅著山雷尼爾山，高山上的日出總是如此的氣象萬千，讓人們期待的心化為無比的讚嘆！

　　今日天晴氣朗，秋風微涼，正是登山健行的好時刻，我們將在日出點走向冰凍湖 (Frozen Lake)，Second Burroughs Mountain，再經過影湖 (Shadow Lake) 回到日出點，來回約 10 公里。

▼天方破曉，朝陽乍現

▲朝霞絢爛著飛雲，也映紅著山雷尼爾山

▲迎著晨風，沐浴著旭日光芒

▲那高高聳立的雷尼爾山

　　迎著晨風，沐浴著旭日光芒，步道沿著青青草原
而上，草原上松杉稀疏而立，展望視野非常遼闊，仰頭
一望，那高高聳立的雷尼爾山，海拔 4392 公尺，是美
國本土第三高峰。沿途都恣意可見那壯碩龐大的磅礡山
容，尤其那滿佈的冰河白雪，更顯現出這雷尼爾山高聳
聖潔。

　　來到了巨石斜坡，踩著碎石步道慢慢通過，仰望著磊磊碎石，彷彿會滑動般，令人觸目驚，森然的石瀑景致，或許只有那伴隨的枯木與飄泊的白雲，能夠瞭解這亙古以來的滄桑與自然的演繹。

　　環顧周遭景致，小徑依崖，夏風吹送，一簾山色，藍天屏蔽，傲然冷杉屹立，(Subalpine Fir)，巍峨雪山矗立，美景中，人間日月來去匆匆。

▶來到了巨石斜坡

▶傲然冷杉屹立，巍峨雪山矗立。

▲峰迴路轉中，來到了冰凍湖　　　　　▲邁步走向伯瑞第一峰

　　峰迴路轉中，來到了冰凍湖 (Frozen Lake)。冰凍湖，海拔
2071 公尺 (6795 英呎)，靜靜欣賞湖色之美，眼前，碧藍穹蒼為襯，
足下綠草如茵，山風吹縐湖面，而那殘存寂寥的白雪，依偎山壁，
倒影湖中，人們陶醉之情，有如那藍白交織的夢幻，在湖中蕩漾搖
曳，不禁令人忘卻那幾多塵事的紛紛擾擾。

　　邁步走向伯瑞第一峰 (First Burroughs)，這時秋高氣爽，視野
清新，山谷中綠草如茵，回首一望，近處高峰是海拔 2230 公尺的
Mount Fremont，在山頂偏北邊約 2189 公尺處有個 Mount Fremont
Outlook 瞭望台，而冰凍湖有如藍色的心，依偎在山谷中……

▲近處高峰是海拔 2230 公尺的 Mount Fremont

▲而冰凍湖有如藍色的心，依偎在山谷中。

▲極目望去，可以看到北卡斯卡德山脈的連峰。

▲有一無名圓形小池，彷彿是藍色寶石般的晶瑩。

　　眺望西北山谷，極目望去，可以看到北卡斯卡德山脈的連峰，有一無名圓形小池，彷彿是藍色寶石般的晶瑩。

　　登上海拔 2225 公尺的伯瑞第一峰 (First Burroughs)，伯瑞山 Burroughs Mountain 是紀念 19 世紀的自然學家 John Burroughs 而得名。伯瑞山由古代火山熔岩形成，有三座相連的山峰，駐足第一峰山頂眺望，第二峰 2256 公尺就緊鄰在旁，而雷尼爾山更是高高在上。

▲登上海拔 2225 公尺的伯瑞第一峰　　▲山徑持續迂迴而上

　　山徑持續迂迴而上，環顧四周，只有碎石和少數低矮灌叢，荒蕪的景致裡，些許紅葉正繽紛，峰迴路轉裡來到了 2256 公尺的伯瑞第二峰，頂上有人造如龜殼狀堆石為記。

▲荒蕪的景致裡，些許紅葉正繽紛

▶頂上有人造如龜殼
　狀堆石為記

▶登山時的遼闊展望
　是最令人雀躍

▶右側的伯瑞山第三
　峰與雷尼爾山

登山時的遼闊展望是最令人雀躍，在此南望，海拔 2386 公尺的伯瑞山第三峰，矗立在右前方，山徑清晰可見，而那龐然壯麗的雷尼爾山，凜然雄偉的山容，睥睨著周遭群山，頂上冰河亦歷歷在目。

　　細細觀察，那左側是艾孟斯冰河 (Emmons Glacier)，和右邊是溫斯羅普冰河 (Winthrop Glacier)，有如白色巨龍般的盤旋，這兩條大冰川中間有座狀似三角形海拔 2958 公尺的蒸汽船頭 Steamboat prow 山峰，山峰下的小冰河是英特爾冰河 (Inter Glacier)，只是變得淺薄稀疏，好像就快要消失了。說到冰河的消失，地球的暖化，總是非常迫切嚴肅的課題，但是在許多短淺的政治與經濟利益考量下，總是無法確實的做好環保問題，只能令人搖頭無奈的嘆息！

▼雷尼爾山的冰河

　　回程沿山徑下影湖，這一段的景致呈現出荒漠的景象，山徑旁有國家公園立的告示牌，由此去屬於類似極區的凍原地形，只有薄薄一層的火山土壤，營養和水分都極度貧乏，但是仍然有少數植物堅韌生長著，因此登山遊客切記只能走在步道上，人的腳印可是這少數植物最大敵人。

　　步道陡降，雷尼爾山磅礴宏偉的山容，總是伴隨著人們的視線，進入森林線後，來到了影湖之畔。

▶荒漠的景象

▼雷尼爾山磅礴
宏偉的山容

▲來到了影湖之畔

影湖 Shadow Lake 有著夢幻之影，那湖畔綠樹參差的倒影映在湖面，柔情的微風輕拂湖水

捎來了陣陣漣漪，溫情的浮雲駐足湖畔，飄來了朵朵情意，湖濱奇花瑤草淺鋪，水光山色盪漾心扉。

沿著小逕，穿越著遍佈淺草的山谷，我們環繞一圈又回到日出景點 (Sunrise Point) 記得曾在這裡，拍攝到令人感動的照片，那是兩位大約 80 歲的老太婆相互做伴，竟然開那麼遠的車到這裡，然後裝備齊全的努力往上爬，當她們爬坡氣喘噓噓時，還很親切的跟我們打招呼，而且看到其中一位老太太喘的腰都直不起來，那種精神真是感佩服！

試想，連老太太們都能不辭辛勞到這裡健行，人們真是不要成天只是沉迷手機電腦前而是要多多接觸親近大自然，多多的運動健身，健康與自然之道，道理盡在此中。

▶影湖 Shadow Lake
有著夢幻之影

▶水光山色盪漾心扉

▶遍佈淺草的山谷

▲大約 80 歲的老太婆
相互做伴

資料篇：

[交通資料]

有兩條路線可進入國家公園，從西雅圖 5 號公路向南接 18 號公
路到 Auburn，再走 410 號公路向東進入國家公園。(日出點)
或是西雅圖 5 號公路向南接 7 號公路再接 706 號公路可進入國
家公園,(天堂點)706 號公路和 410 號公路另有 123 號公路連接，
雷尼爾山國家公園開放時間約 5 月到 10 月，冬天道路封閉，行
走步道時絕對不可以偏離步道，有很多告示牌，因為這脆弱的野
花野草是禁不起一踩的。

詳細情形請參閱雷尼爾山國家公園網站：
http://www.nps.gov/mora/
國家公園內唯二的旅館，夏天常常爆滿，
paradise Inn 和 National Park Inn 網址：
http://rainier.guestservices.com/
如果旅館很滿，建議住離 Sunrise 很近的 Crystal Mountain
hotels，這裡到日出點很方便，
http://www.crystalhotels.com/

羚羊峽谷 Antelope Canyon 岩石、光與影的夢幻交織

　　在美國亞利桑那的荒漠上，那質地輕軟的岩石，彷彿是被烈日曬紅，春夏間偶爾的暴雨，在多少光陰歲月裡，有如隨興的雕塑家，揮舞斧刀任意琢磨，成就地生天作美景。

　　每當西風斜日時，光芒悄悄進入峽谷中，在這百尺穹崖裡，光線與峽谷岩壁線條互相交錯，造就著如夢似幻的景致，正是……

　　荒地奇岩巧妙鑿，天地僻角靜依偎；
　　洞穴光芒悄然入，夢幻疏影令人迷。

　　雖說天將佳景贈世人，但是卻將景物深與藏，由於這裡幾乎是寸草不生的荒漠，人跡罕至，所以這峽谷發現的很晚。據說在 1931 年時，有個當地納瓦荷的少女不經意的發現這峽谷，因為附近常有羚羊出沒，所以取名為羚羊峽谷。在 1970 年代，開始有旅行團到此地旅遊，1994 年時，有位攝影師在此拍攝照片，那奇異的色彩在攝影展中大放異彩，更使羚羊峽谷聲名大噪，從此這羚羊峽谷遊人如織。那岩石光與影的交織夢幻也使這裡成為攝影家與遊客必訪之處，更為這默默無聞的佩吉小鎮帶來不少觀光收益，這少女的偶然造就了小鎮的繁華，正可謂凡事不需強求，一切自當順應自然。

　　羚羊峽谷 (Antelope Canyon)，在佩吉 (Page) 小鎮附近，這裡是屬於納瓦荷 (Navajo) 原住民保護區，羚羊峽谷在地形上分為上羚羊峽谷 (Upper Antelope Canyon) 與下羚羊峽谷 (Lower Antelope Canyon)，上羚

▲羚羊峽谷被譽為世界
十大地質奇觀

羊峽谷在納瓦荷語中稱為 Tse bighanilini，意思是有水
通過的岩石，這是個高約 50 公尺的岩壁裂縫峽谷，長
約 500 公尺，一般遊客都是到這裡。下羚羊峽谷在納
瓦荷語中稱為 Hasdeztwazi，意思是拱狀的螺旋岩石，
由於是在地面底下切割的峽谷，需要下樓梯才能夠到
達，路徑較長而且險惡，遊人較少造訪。

　　羚羊峽谷被譽為世界十大地質奇觀，也有人讚嘆
這是世界最美麗而且神秘的地方，納瓦荷族更曾將此地
視為靜思與神靈溝通的神聖地方，它的奇特在於岩石光
影的奇幻變化，那紅色砂岩的線條，紋路，隨著季節和
時間的同，也展現出不同迷人的色彩。

　　為何會有如此奇特的地質景色，這不得不讚頌大
自然之神奇。在這地區的氣候是非常乾燥，每年有 300

▲紅色岩壁中有個裂縫，
　這就是上羚羊峽谷

天以上都是晴天，但是春夏之際往往有突如其來的大雨，這乾燥地區的暴雨是非常可怕的，在 1997 年時就有多名遊客在下羚羊峽谷遇到洪水，一時逃避不及而遇難。因此這突發暴增的洪水，亙古以來瞬間無情切割著柔軟的紅色砂岩，形成了狹縫型的羚羊峽谷，而那岩壁上更刻劃著多年流水的痕跡，真是鬼斧神工的地理景觀。於是乎，請大家隨著 Elbert 探索的腳步，瀏覽這羚羊峽谷的夢幻景色。

夏日的豔陽下，乘坐著當地觀光團卡車，經過荒蕪的紅色乾溪河床，紅沙飛揚中來到了峽谷入口，可見紅色岩壁中有個裂縫，這就是上羚羊峽谷。

進入峽谷後，峽谷內還算是寬敞，抬頭一看，只見紅橘色的岩壁上，幾束陽光參差地照射，那導遊隨手抓起沙粒，灑向光束，那沙落下時化為亮晶晶的白光，彷彿是時光盪漾的夢幻，令人震撼的瑰麗奇景。

◀抬頭一看，只見紅橘色
　的岩壁上，幾束陽光參
　差地照射。

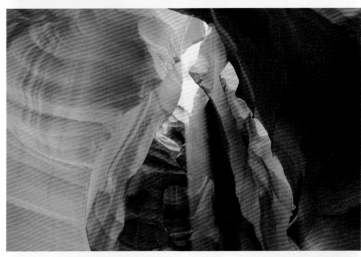

◀只見紅橘色的岩壁上，
　幾束陽光參差地照射。

◀那沙落下時化為亮晶晶
　的白光，彷彿是時光盪
　漾的夢幻。

　　無意的陽光光芒灑落，有意的伸出雙手承接，白光瀲灩閃爍的驚奇，眩目光澤在橘紅的岩壁裡蕩然迴旋。

▶無意的陽光光芒灑落，有意的
　伸出雙手承接。

▶眩目光澤在橘紅的岩壁裡蕩然
　迴旋。

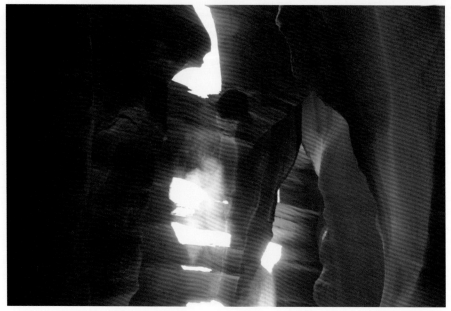

▲恣意的在層層疊疊的岩壁裡，
　散發著如夢似幻的靄靄光芒。

▲有的如一束光瀑
▼有的如一縷細線

　　這陽光有如金絲織的綢緞般，恣意的在層層疊疊的岩壁裡，散發著如夢似幻的靄靄光芒，有的如一縷細線，有的如一束光瀑，光怪陸離的景象隨時變化，真是令人稱奇讚嘆！

美國篇／羚羊峽谷 Antelope Canyon 岩石、光與影的夢幻交織

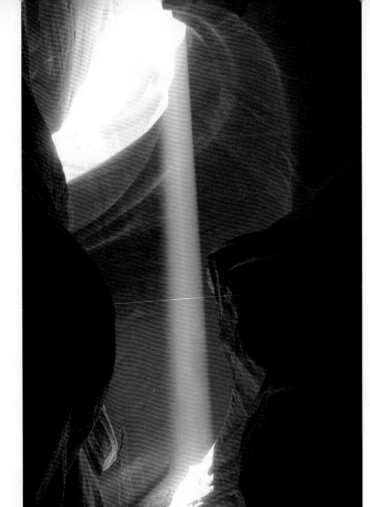

▶千萬年來大自然藝術
的雕琢，那米開朗基
羅也要自嘆弗如。

▼有如流水般的光芒

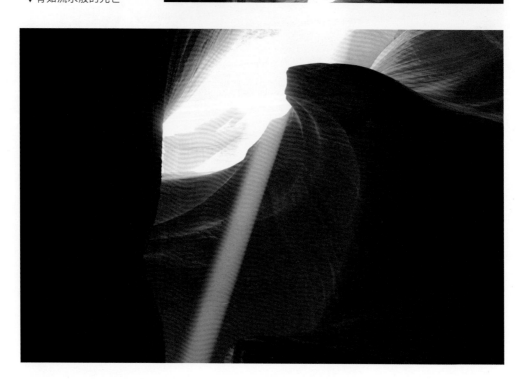

峽谷中的岩石奇形怪壯，凝望那像波浪壯的岩石，柔美的弧度、細膩的紋理，千萬年來大自然藝術的雕琢，那米開朗基羅也要自嘆弗如。而那迷濛的金光偶然的穿越岩壁，有如流水般的光芒，為這精美的藝術佳品打上燈光，更是美輪美奐的夢幻。

　　來到了峽谷深處，這裡比較窄狹，陽光比較透不進來，凝視高處，遙遙的頂端金光燦爛。近觀眼前，橘紅色的岩石也變幻成藍紫色，那是夢幻浪漫的藍紫色，而那岩石的輪廓之美，也在顏色的光彩繽紛下，呈現眼前。

▼凝視高處，遙遙的頂端金光燦爛。

▲橘紅色的岩石也變幻成藍紫色。

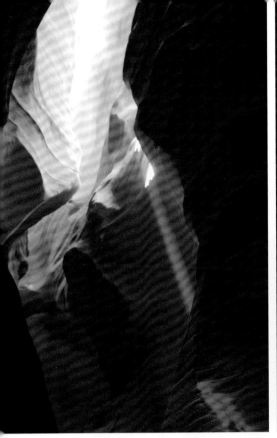
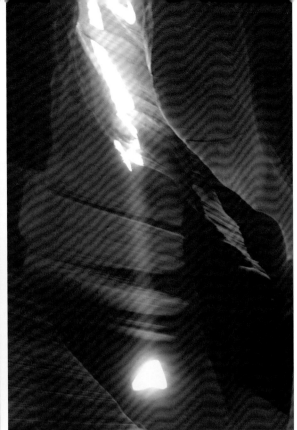

▲▶那無心飄進來的光線

　　漫步峽谷深處，那無心飄進來的光線，在幽暗的峽谷裡，更能夠帶來驚喜與感動。

　　這裡的岩石美在於天然，妙在於天成，水與風慢慢的琢磨，創造出的藝術成品，正是花不解語還多事，石不能言最可人，細細著欣賞那石頭之美，更有澄靜心靈的感覺。

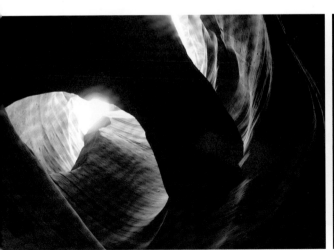

▲正是花不解語還多事，石不能言最可人。

▲細細著欣賞那石頭之美，更有澄靜心靈的感覺。

　　石頭雖然是靜止無語的，但是人們的想像裡真是帶來生動的畫面，這裡的岩石真是千奇百怪，有像人像的林肯石，有像鯊魚的鯊魚石，在這裡豐富的想像力，真是能夠帶來更多的驚訝！

▲這裡有像人像的林肯石

▲有像鯊魚的鯊魚石

經過光線的變化,有些景色像是大自然的美景,這圓弧壯的景象,被人認為是山之彩虹。在另一個岩壁處,被認為山之溪谷的造型,不過不管像與不像,這些都是令人驚嘆與陶醉的景色。

▲這圓弧壯的景象,被人認為是山之彩虹。

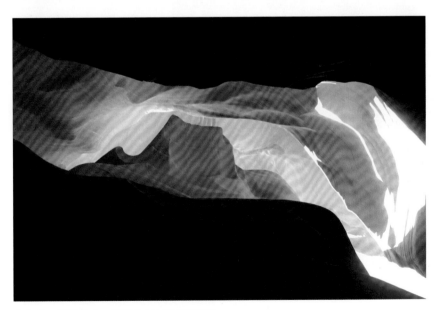

▲在另一個岩壁處,被認為山之溪谷的造型。

▲景色依舊是絢麗迷人

快到峽谷盡頭，峽谷也比較寬敞，不過景色依舊
是絢麗迷人，抬頭望去，幾束光芒照耀山壁，感覺有如
神仙降臨的瑞氣所散發出來的靄靄金光。

峽谷最後的一個景色，在印第安人的導遊中稱為
是浴火鳳凰的景象，紫藍色的岩壁後，是亮麗的金黃光
茫，真是奇異的景色。

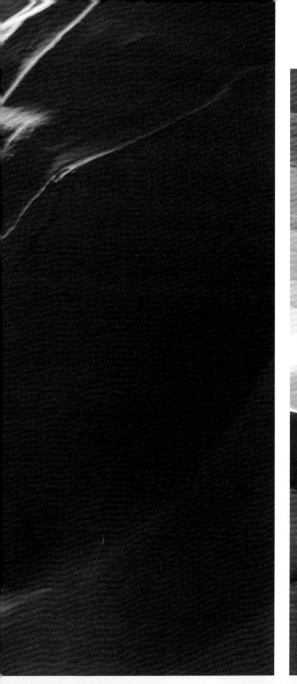

▲感覺有如神仙降臨的瑞氣所
　散發出來的靄靄金光

◀在印第安人的導遊中稱為是
　浴火鳳凰的景象

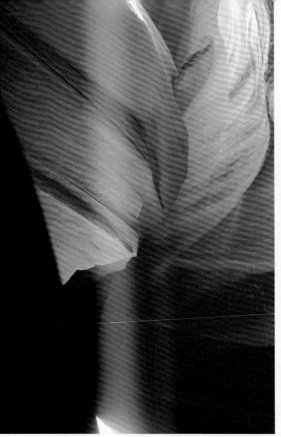
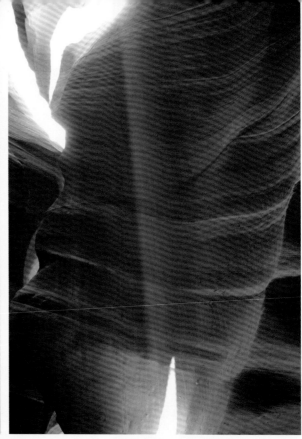

▲午後的陽光依然是燦爛岩壁　　　▲偶遇的光瀑依然是沉醉人心

　　走到峽谷盡頭後我們再次往回頭走，在導遊的匆匆催促下，雖然是急行而回，但是景色依然是迷戀人心，午後的陽光依然是燦爛岩壁，偶遇的光瀑依然是沉醉人心，彷彿洗盡人間名利與瑣碎，這奇妙的景色在時間的流裡，也深深刻劃在人的心懷裡。

正是……

一片寂寥荒漠峽谷，幾許羚羊馳騁岩壁；
別有洞天谷地深處，那光與影的交織依然夢幻。

無盡的目光與讚美，無盡的呼吸與讚嘆；
緩緩游走於岩壁上，那光與影的交織依然夢幻，

想要捕捉那光與影的奇景，想要留住那光與影的交織，
寄託悠遊在心靈深處，人的心扉也永遠交織著夢幻……

參考資料：

羚羊峽谷位於美國亞利桑那州 Lake Powell 南方，小城 Page 西方，上和下兩峽谷間以 98 號公路相隔。

為了安全起見，也或許是為了促進當地旅遊業就業與經濟的原因，羚羊峽谷個人已經無法自行前往，也禁止步行進入，都必須搭乘公園裡的四輪車前往，由 Navajo 族授權的導遊帶領進入。您可以事先向 NAVAJO TRIBAL PARK 登記，自行到公園入口，再坐公園裡每天有人數的限制的四輪車進入。

[NAVAJO TRIBAL PARK 的網站]

http://www.navajonationparks.org/htm/antelopecanyon.htm

比較方便的是參加 Navajo 族授權特許的當地旅行團，(只有少數幾個，) 那是在 Page 小鎮出發，好處是名額比較多，而且不需要自己開車到公園入口。

[網站如下]

http://www.antelopecanyon.com/

如果有意探訪下羚羊峽谷或是其他地方，在 NAVAJO TRIBAL PARK 的網站也有詳細介紹，只是在夏天旅遊旺季，人潮很多，照相都只能往上照，向平地照可是會照到滿滿的人，夏天是陽光最能夠射進峽谷的季節，最好的時間是 11 點到下午 2 點，

而冬天太陽斜射，只有大約在下午 3 點時能夠看到斜射進來的陽光。

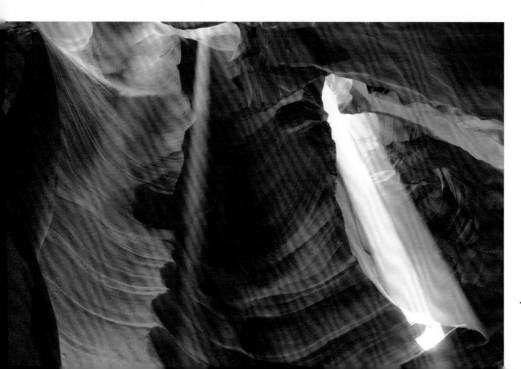

◀偶遇的光瀑依然
　是沉醉人心

馬蹄灣

在美國亞利桑那州的原野，遼闊而荒蕪，那炎熱的陽光，彷彿把大地烤的通紅，甚至將那地表乾燥的出現裂痕。然而世界上很多事情，特別是現在浮誇不實的媒體充斥裡，更不能只看表面，而是要仔細端詳。於是乎，從 89 號公路徒步約 1.2 公里走到裂縫邊緣，俯視一望，這裡就是人們稱奇的地理奇觀，馬蹄灣 (Horseshoe Bend)。

▼美國亞利桑那州的原野

▲地表出現裂痕

▲馬蹄灣

▶ 馬蹄灣

　　馬蹄灣 (Horseshoe Bend)，主要由科羅拉多河切割侵蝕，加上風、雨、冰雪的琢磨而成。佇立懸崖旁，俯瞰這的馬蹄灣，猜不透為何河水會多事的繞一圈，迴繞出造型優美類似馬蹄的景致，這大自然的手工藝總是帶來驚喜！

▲科羅拉多河切割侵蝕

靜觀那垂直石崖千仞高，直落溪谷，河床稍有綠
意芳草，河水緩流略有微波，而那四周冷峻的紅黃巉
岩，有著多變的紋路與色澤，這是多少歲月的刻痕與雕
琢，曲折之間，猶如展開的天然奇妙畫卷。

◀垂直石崖千仞高

◀河床稍有綠意芳草

◀河水緩流略有微波

▲落差約 300 公尺的峭壁

▲欣賞這馬蹄灣之美

▲欣賞這馬蹄灣之美

▲空拍大峽谷奇觀

沿着這落差約 300 公尺的峭壁，緩緩小心踩步而行，
從不同的角度，欣賞這馬蹄灣之美，正是，

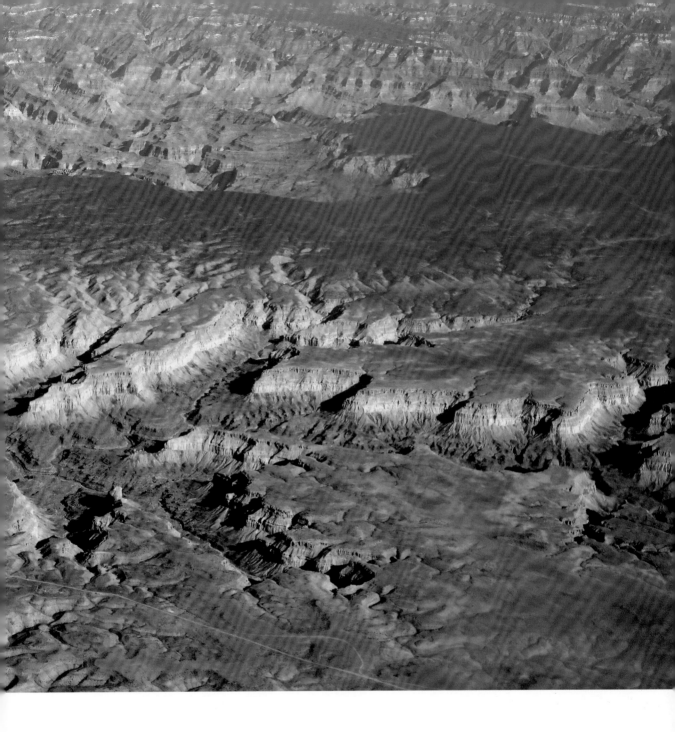

峋嶙峭壁風光好，河流迴繞景致奇；
山風無心過空谷，人們有意汲美景。

而這科羅拉多河，創造出馬蹄灣的奇景後，彷彿只是音樂創作的序曲，主要樂章持續迴響，因為她蜿蜒向西，在不遠處更是切穿高原，形成了舉世聞名的大峽谷奇觀。

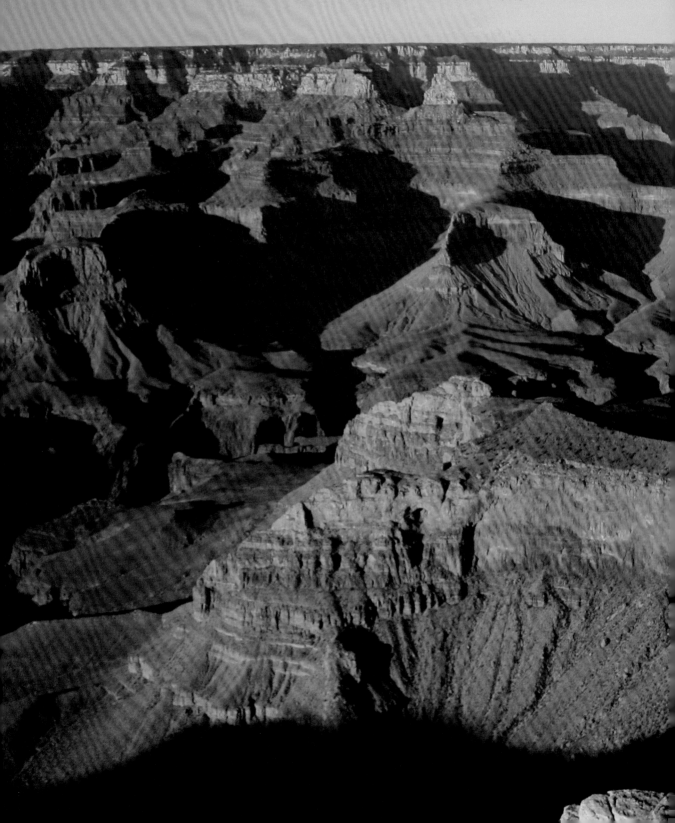

從 89 號公路旁停車場，徒步約 1.2 公里可以抵達馬蹄灣，如果假期人多，必須坐巡迴巴士。

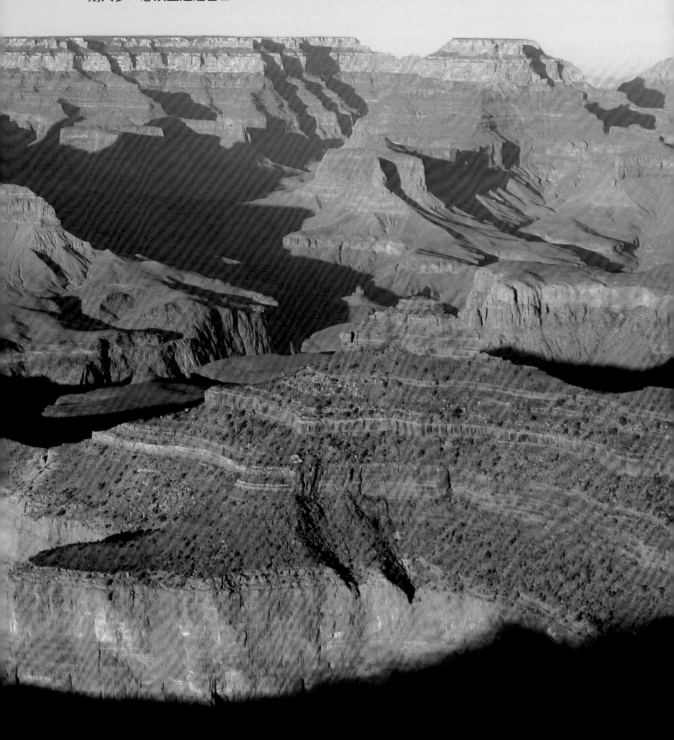

火山口湖國家公園

　　造物者的奧妙創造，大自然的精心雕琢，造就了火山口湖的地理奇觀。

　　遠在 7700 年前，現在美國奧勒岡州的西南邊，有座海拔 3620 公尺的馬扎馬火山 (Mount Mazama)，高高的聳立雲端，睥睨一方。然而火山爆發了，而且是非常激烈的爆發，震撼性的威力使整個火山錐頂部坍塌陷落約 1600 公尺，形成一個鍋形的圓形大坑，也就是破火山口 (Caldera)。

　　時光繼續的飛馳，春夏的雨水，秋冬的落雪，點點滴滴的積蓄。在這荒蕪的火山口裡匯聚，累積塑造成美麗的火山湖。這就是美國奧勒岡卅的火山口湖國家公園 (Crater Lake National Park)。

▼冰雪深厚的火山口湖

已經是多次造訪火山口湖，不論冰雪深厚的火山口湖，還是盛夏時候的火山口湖，在那雲來雲去的歲月裡，那唯美的風情總是令人頻頻盼顧，深恐不小心遺漏了任何的湖色，每次來都有不同令人回味的記憶。

▲盛夏時候的火山口湖

▲深恐不小心遺漏了任何的湖色

　　在 2019 年 7 月的午後時分，又一次來到火山口湖，凝望這美麗的湖泊，湖色清澈碧藍，湖心深處，湛藍如寶，波影蕩漾藏心湖。藍的醺醉雙眸，藍的震盪人心，藍的連天上雲影也不禁翩然的醉落湖心。黃昏時刻，幾抹採雲依然留戀著湖色，不願輕言離去。

　　這次有幸住宿於火山口湖旁的旅館 (Crater Lake Lodge)，目前有 71 間房間的旅館。1909 年開始興建並從 1915 年開張營運，到最近 1995 年更新擴建完成，

▲午後時分的火山口湖

▲湖色清澈碧藍

▲雲影也不禁翩然的醉落湖心

▲幾抹採雲依然留戀著湖色

▲今晚圓月皎潔

▲在火山口湖的天際，留下稀疏的星軌

有著滄桑的歷史。住宿於此，可以盡賞那黃昏，星月，日出的景致。
今晚圓月皎潔，月明自然星稀，在火山口湖的天際，留下稀疏的星軌。

而清晨時刻，霞光絢麗，彷彿是昨日的彩雲依然迴盪天際，而朝陽昇起的那一剎那，更是令人心情澎湃，正是……

彩雲紛飛遠天際，日出霞光映藍湖。
萬壑晨風輕拂拭，遊子如在圖畫中。

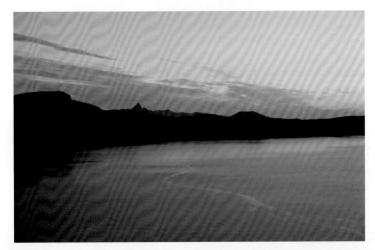

▶清晨時刻，霞光絢麗

▼朝陽昇起的那一剎那

朝日光芒照耀，山巒大地甦醒了，聆聽呦呦鹿鳴，悠見鹿群覓食，這是多麼柔和美妙的景致。

◀朝日光芒照耀

◀山巒大地甦醒了

◀悠見鹿群覓食

在大地披上金黃色外衣時，也喚醒了火山口湖，呈現出那神秘的藍，而遊子的心也融入在這絕美之藍湖中。

▶喚醒了火山口湖

▼湖色又轉為碧藍

　　沉醉在美景中，也令人追憶著多次暢遊火山口湖，往日情景彷彿
歷歷在目。回想多年前在湖畔等待日出，卻惹來雲霧輕攏。霧中朝陽
那柔柔的光芒散佈於湖面上，有如編織著金色的霓裳，旭日持續東升，
山嵐依然迷濛。霧裡的朝陽蕩漾著金光，展現著盪漾心弦的夢幻。

▲卻惹來雲霧輕攏　　▲霧裡的朝陽蕩漾著金光

在旭日持續東升，收拾起今日與舊時的記憶，繼續環湖而行，恣意的欣賞湖景，在陽光照耀之下，翠藍湖色映入眼簾，在彷彿仙笛吹奏的山風聲籟裡，白雲瀟灑的飛揚，投影在蔚藍的湖面，這真是人世間的仙境！

◀恣意的欣賞湖景

▼白雲瀟灑的飛揚

湖中有個巫師島，這也是大自然神奇之舉。當年馬扎馬火山爆發後，火山活動仍然持續。約在 4600 年前，在火山口裡又爆發了小火山，形成今日海拔高 2116 公尺的巫師島。鐘形的火山有如巫師的帽子，所以稱為巫師島。這座火山口中的火山，點綴在蔚藍湖面上，更添特色。

準備下山了，環湖來到公路旁的發現點 (Discovery Point)，在 1853 年淘金熱那個年代，John Wesley Hillman 和其他兩名淘金客，

▲湖中有個巫師島

第一次看發現火山湖的地點。當他們看到這美景，驚訝於那麼湛藍的湖泊，更自己取名為深藍之湖 (Deep Blue Lake)。只是，人間利字尋夢者，多半陶朱夢碎，追隨彩雲腳步者，才知美景是真。悠然的欣賞美景真是比虛幻的追求財利，來的簡單實在。

　　靜靜的凝視這湖泊，窺盡湖光山色之妙境。這湖泊有人稱為是啟發心靈之湖，認為那深不見底卻又清澈的湖水，可以洗滌心靈，淨化心境，啟迪心中的智慧。是的……好水如畫，水繞雲迴，

▲公路旁的發現點

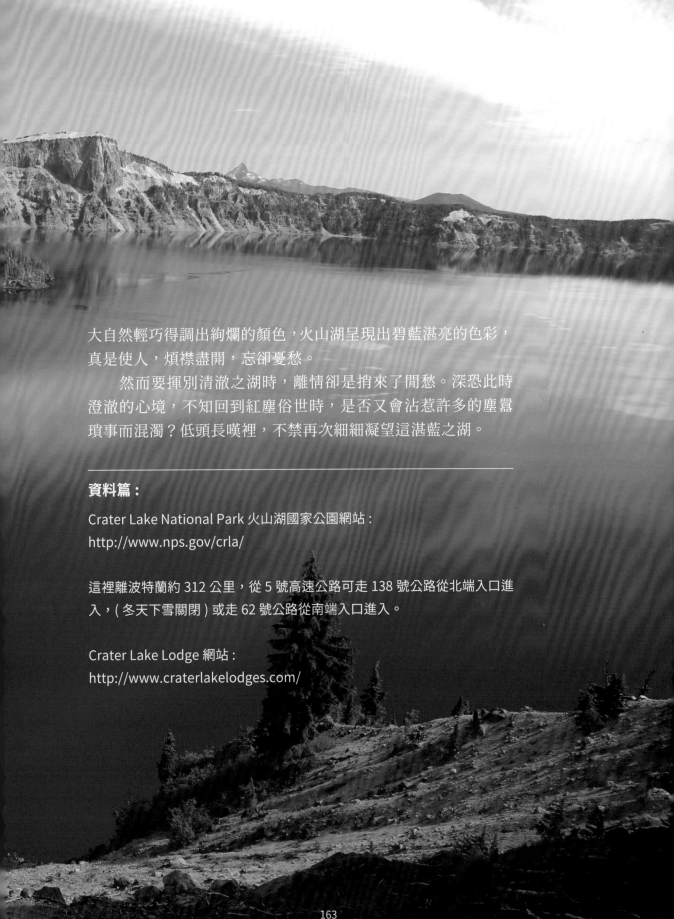

大自然輕巧得調出絢爛的顏色，火山湖呈現出碧藍湛亮的色彩，真是使人，煩襟盡開，忘卻憂愁。

然而要揮別清澈之湖時，離情卻是捎來了閒愁。深恐此時澄澈的心境，不知回到紅塵俗世時，是否又會沾惹許多的塵囂瑣事而混濁？低頭長嘆裡，不禁再次細細凝望這湛藍之湖。

資料篇：

Crater Lake National Park 火山湖國家公園網站：
http://www.nps.gov/crla/

這裡離波特蘭約 312 公里，從 5 號高速公路可走 138 號公路從北端入口進入，(冬天下雪關閉) 或走 62 號公路從南端入口進入。

Crater Lake Lodge 網站：
http://www.craterlakelodges.com/

火山口湖國家公園‧從那史考特山俯瞰那一泓藍色的夢幻

　　夏日的午後時分，開車馳騁於北加州，接近奧勒岡州時，路旁有座沙斯塔山 (Mt. Shasta) 高高聳立，這座凱斯凱德山脈 (Cascade Range) 南段的高峰，海拔高達 4322 公尺，是由安山岩組成的圓錐形火山。遠遠望之，不禁令人陶然在那雄渾壯碩的山容裡。如果從附近的 Siskiyou Lake 仰望，更能夠體會到那山湖交織，剛柔並濟之美。

　　越過加州，來到奧勒岡州這位於火山口湖南側的 Ashland 小鎮，有火山處多有溫泉，這鎮上有個里特亞溫泉度假村 (Lithia Springs Resort)，旅館的庭園典雅迷人，宛如置身於歐洲鄉村莊園。而且房間內就是溫泉之

▼路旁有座沙斯塔山高高聳立

▲從附近的 Siskiyou Lake 仰望沙斯塔山

▲里特亞溫泉度假村

水，住宿於此，沐浴溫泉，彷彿為明日造訪聖潔的火山口湖洗滌著身心。想著已經是多次悠遊於火山口湖湖畔，而火山口湖有若表情多變的少女，隨著天候與季節變異，每次的到來都有著不同的容顏與風情，唯一不變的是，總是沉浸陶醉於那夢幻的美景中。

翌日晨間，驅車前往火山口湖國家公園，直接前往史考特山 (Mt. Scott) 登山口。提及這史考特山 (Mt. Scott)，海拔 2721 公尺，是火山口湖的最高峰，猶如守護神般的屹立於火山口湖之東，從山頂俯瞰那一泓藍色的夢幻，更是絕世的美景。

來到火山口湖東端的史考特山登山口，此時午後天闊雲高，山風吹送著白雲，高山上淺草如茵，松柏

▲住宿於此，宛如置身於歐洲鄉村莊園

166

▲山勢壯闊的史考特山，
雄姿煥發的矗立眼前。

散落在草原上。夏日殘雪緩落松梢，淺淺的鋪陳林間，柔美的景致中，山勢壯闊的史考特山，雄姿煥發的矗立眼前。而步道則是悠悠的蜿蜒右側，這史考特山步道(Mount Scott trail)，來回約8公里，爬高約383公尺，坡度不算太陡，但卻是毫無緩衝，直上山巔。

▲而步道則是蜿蜒右側

▲史考特山步道

▲山峰環抱的火山口湖

　　信步而行，在淺松林間持續向上，不經意間，已然可見山峰環抱的火山口湖，蔚藍如洗，穿越森林，接近主稜線了。這時視線變的遼闊，西北方 2799 公尺的 Mt. Thielsen(席爾森山)，尖銳的山勢，崢嶸而立，頗

▲西北方，2799 公尺的席爾森山

▲東邊則是森林滿佈，偶有草原橫生

▲宛若藍寶般的火山口湖

　　有與考特山相庭抗衡之意，東邊則是森林滿佈，偶有草原橫生，景致遼闊無邊，而正西方宛若藍寶般的火山口湖，更是不禁令人放緩腳步，凝望這唯美的景色。

越上稜線，這時史考特山已經近在咫尺，頂上的森林瞭望台也清晰可見，迷人的火山口湖依然蕩漾著人心。而稍北的鑽石湖 (Daimond Lake) 也靜靜地依偎在森林綠意裡，這是藍湖成雙的奇景，不禁令人吟誦著……

斜陽遠山天際遠，雙湖相鄰不相連。
白日飛雲當信使，夜深銀河為鵲橋。

▶這是史考特山已經近在咫尺，頂上的森林瞭望台也清晰可見

▼這是藍湖成雙的奇景

▲岩石上有美國地理測量局的標誌

▲那藍色的火山口湖，清楚的呈現眼前

▲湖中的巫師島彷彿平置於藍色平台上

▲環湖公路和登山口的停車場也清晰在望

　　登臨史考特山的絕頂，岩石上有美國地理測量局的標誌，
頂上展望良好，那藍色的火山口湖，清楚的呈現眼前，湖中的
巫師島彷彿平置於藍色平台上，環湖公路和登山口的停車場也
清晰在望，如此遼闊美好的視野，不禁使人讚嘆著……

　　獨坐高山上，斜日玉宇中。
　　白雲駐足處，藍鏡來映照。

▼遠處有座積雪山峰，那是海拔 2894 公尺的 Mt. McLoughlin。

　　來到如此孤遠的山上，看這雲橫遠渚山水美景，令人默然的感嘆，世上多少人，追逐那俗世裡的名與利，盲目跟隨所謂品牌與品味，那只是徒增煩惱，擾人心境，能夠輕鬆的浸潤於大自然裡，欣賞著如此夢幻的山水景致，讓心靈澄淨明透，那自是人生最大的幸福！

▲仰望巨石上松柏蒼勁

▲火紅的火燄草

▲嬌黃的小花 Sticky Cinquefoil

　　在頂上駐足良久，靜觀這山與湖交織的奇景，多少白雲已飛過，不自覺裡，斜陽已西斜，也該揮別史考特山了。回程緩緩而下，不時左右盼顧，欣賞周遭的景色，除了那火山口湖外，東側奧勒岡的原野景色也是遼闊壯麗，遠處有座積雪山峰，那是海拔2894 公尺的 Mt. McLoughlin，也是火山，遙遙矗立天際。

在微涼的山風裡，徐徐而下，仰望
巨石上松柏蒼勁，俯視地面，可見火紅
的火燄草 (Red Indian Paintbrush) 和嬌
黃的小花 Sticky Cinquefoil 迎風搖曳，
縱橫於山林裡，享受這大自然的嫵媚，
真是心情愉快。回到登山口了，不禁令
人回顧那樹影飄曳中的史考特山，宏偉
的山勢除了使人有崇敬之情外，而且能
夠在頂上時，給人們帶來如此美妙的視
野奇景，心中默默感念，那充滿幸福感
恩之意悄然而生。

資料篇：

Mount Scott trail
從登山口來回約 8 公里，爬高約 383 公
尺，登山口在東端環湖道路上，Clouldcap
Overlook 附近。

彩繪山國家紀念區～大自然的曠世名畫～

荒草黃漫漫，秋訪深山谷。
山谷彩畫無數，疑是謫仙繪。
我欲穿谷尋仙，直上高嶺處，
極目千里望，繽紛色彩裏，人在圖畫中。

　　話說美國奧勒岡州的東部有個 John Day Fossil
Beds 的國家紀念區 (National Monument)，這個國家紀
念區包括三個不同分開的區域，其中以彩繪山 (Painted
Hills) 最是神奇美麗。

　　遙遠的時光，在約 3500 萬年前，這裡溫暖潮濕，
曾經有著豐富的水草與動植物生長。然而，因為後來火
山不斷的爆發，氣候變的乾旱，於是這裡不同年代火山
岩層的地層裡，沉澱著火山灰、泥土、礦物質，與腐朽
的植物。隨著時光的流轉，侵蝕風化作用的持續，形成
今日特別的地質景觀，有如大自然手繪的曠世巨作。

▼紅色疤痕山丘

◀紅色疤痕山丘另一側，
色彩與紋路更是奇幻

◀隨處可見彩繪般的岩壁

　　進入彩繪山，驅車先來到公園盡頭處的紅色疤痕
山丘 (Red Scar Knoll)。這是個海拔約 702 公尺的山丘，
類似富士山的山形，但是黃褐又帶著微綠的岩層上渲
染著赭紅色的痕跡。隨著步道環繞山丘，它的另一側，
色彩與紋路更是奇幻，這真是人們很難想像到的配色與
圖案。

　　開車原路緩緩而回，公路沿途景色奇特，隨處可
見彩繪般的岩壁。這時來到公園的另一景點葉片山丘
(Leaf Hill)。

　　剛到時驀然一愣，只見斜坡上亂草綿延、碎石散落，景色非常平凡。但是看到指示牌，才知道原來真正的精華處，是這裡碎石片上留有遠古時代植物的珍貴化石。不禁令人感慨到任何事物，不可以膚淺的只看到表面，要深入的探討之後，才能夠瞭解真正的內涵與意義。

▲葉片山丘景色非常平凡

◀但是看到指示牌

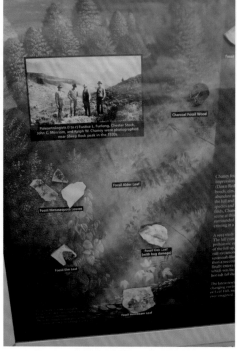

▲來到彩繪灣步道

▲彷彿置身於顆粒狀的油畫世界裡

▲來到最高點俯瞰而下

▲只見色彩繽紛的山丘，起伏有致

　　續行來到彩繪灣步道 (Painted Cove Trail)。只見圓潤起伏的山丘，地表有如龜殼狀的紋路，粉飾著奇幻的色彩，彷彿置身於顆粒狀的油畫世界裡。沿著步道而行，周遭奇景不斷，來到最高點俯瞰而下，只見色彩繽紛的山丘，起伏有致。不遠處的湖泊是彩繪山水庫，真是遼闊瑰麗的景色。

最後回到公原入口附近的彩繪山展望步道 (Painted Hills Overlook Trail)，步道不長，來回約 800 公尺。沿著步道而上，兩側景色絢爛迷人，右側山嶺縱橫，其中一山丘彷彿是上了顏色的富士山。優美的山形，夢幻的色彩，不禁令人讚嘆造物者的神奇。

▶右側山嶺縱橫

▶其中一山丘彷彿是上了顏色的富士山

▲左側綿延的山嶺就是所謂
的彩繪山

◄盡情的瀏覽這巨幅的山水
名畫

　　左側綿延的山嶺就是一般所謂的彩繪山 (Painted
Hills)，這是大自然花了 3500 萬年的時間，所繪畫雕塑
出來的畫作，而且還在持續不斷的塗抹修飾。旅人彷彿
是走在美術館的長廊上，無任何拘束與限制，盡情的瀏
覽這巨幅的山水名畫。

　　徐行來到步道最高點，嶺上有個小木椅。悠然的閒坐，在此可以俯瞰彩繪山全景。只見山稜曲線分明，乾溪谷蜿蜒曲繞，岩壁上的繽紛色彩，有如造物者的任意揮灑，這真是獨特又絢麗的景致。

　　回程原路緩緩而下，那好似彩色富士的山峰，依然默默地展露無限風情。色彩動人的彩繪山嶺，依然靜靜地展現迷人風采。那隨秋風搖擺的枯草，彷彿有若畫筆似的，繼續在山壁上塗抹渲染。這裡真是美麗又遼闊的美術殿堂。

▲徐行來到步道最高點　　▲嶺上有個小木椅

▲乾溪谷蜿蜒曲繞　　▲岩壁上的繽紛色彩

▲那好似彩色富士的山峰

▲那隨秋風搖擺的枯草，彷彿有若畫筆似的

美國篇／彩繪山國家紀念區～大自然的曠世名畫～

◀海拔約 745 公尺的凱洛山壁
▲回首望這彩繪山

　　回到步道口，仰望對面山嶺，這是海拔約 745 公尺的凱洛山壁 (Carroll Rim)，有步道可以直達頂。而回首望這彩繪山，依然美景無限。讚嘆裡，不禁令人吟嘆著⋯⋯

　　高嶺俯望，荒山乾溪無草木。
　　悠悠細賞，天然畫作色繽紛。
　　畫者何在？遙望白雲越山嶺。
　　秋風竊笑，浩瀚時空人不知。

　　真的，大自然本身就是最美好的畫作！

科羅拉多州褐鈴山 (Maroon Bells)，Maroon Lake 與 Crater Lake

飛雲奔霧中，芳草逶邐處；
奇峰成雙對，湖中兩相依。

　　美國科羅拉多州的褐鈴山 (Maroon Bells)，山勢磅礡宏偉，南側是褐峰 (Maroon Peak) 海拔 4315 公尺 (14156 英呎)。北邊則是北褐峰 North Maroon Peak 海拔 4,271 公尺 (14014 英呎)。雙峰屹立，咫尺相對，在從 Maroon Bells 東北邊的褐溪谷地 (Maroon Creek valley)，遙望此雙峰，只見兩個鈴鐺似的褐紅色 (Maroon) 岩嶢巨峰高高聳立，倒影悠悠地浮現在秀麗的褐湖 (Maroon Lake) 上，佳景天成，這是科羅拉多州聲名遠播的奇景。

▼秀婉約的褐湖 (Maroon Lake) 畔

山中的清晨時分，沿著 Maroon Creek Rd 公路，來到
了褐鈴山 (Maroon Bells) 停車場，信步而行，須臾之間，就
到了這清秀婉約的褐湖 (Maroon Lake) 畔，不禁令人驚訝的
駐足凝望，沉醉在這如畫美景裡。

▲不禁令人驚訝的駐足凝望，沉醉在這如畫美景裡。

這是醉人的美景，晨曦的曙光，輕柔的敷抹在壯圍的褐鈴雙峰上，沁涼的晨風，微微的吹皺湖面，吹亂著湖面的山色倒影，正是……

湖面簇晴山，晨風微緩吹；
湖畔霜葉顫，遊子曉來醉。

這沁涼的晨間山風，在山光霞色裡，不僅吹皺湖面，也吹醒湖畔野花，湖畔橘黃色的山金車花(Arnica)，

▼湖面簇晴山，晨風微緩吹，湖畔霜葉顫，遊子曉來醉。

▼這沁涼的晨間山風，在山光霞色裡，不僅吹皺湖面，也吹醒湖畔野花。

迎接著朝陽，已然不知是與霞光爭媚，嫵媚的隨風招展，還是怨懟著擾人的晨風，倒影在紛紛的湖波中，正是……

晨風不管夏已至，凜冽依舊越湖畔；
無奈輕寒花微顫，愁思緩緩落湖色。

寒霜天曉，山色湖光，東風過後，明霞漸消，在湖畔躑躅多時，天色慢慢開朗了。繼續往前行，我們沿著湖畔步道來到 Crater Lake 步道口，從這裡健行約 2.3 公里 (1.4 英里) 到那另一高山湖泊 Crater Lake。

這裡已經是褐湖的東南湖畔，此時，旭日高升，淺霞斂收，從這 2920 公尺褐湖仰望宏偉的褐鈴雙峰 (Maroon Bells)，1300 多公尺落差，龐然的山勢，更顯得崢嶸雄偉，令人望而生畏。

▲湖畔橘黃色的山金車花

▼褐湖的東南湖畔

▲褐鈴雙峰

　　細說這褐鈴雙峰 (Maroon Bells)，左邊褐峰 (Maroon Peak) 海拔 4315 公尺 (14156 英呎)，右側北褐峰 North Maroon Peak 海拔 4,271 公尺 (14014 英呎)。兩峰距離僅 600 公尺，比肩而立，這山的地與一般洛磯山脈的花崗岩或石灰岩山峰不同，屬於變質的沉積泥岩，經過冰河的刻劃，強和雨水的琢磨，形成今日有如鈴鐺似的山容，加上那褐色的岩壁，因此被人稱為褐鈴山 (Maroon Bells)。

　　由於山形奇特高聳，當然吸引許多登山者的目光，這雙峰的登山路徑就是從這方面的陡壁各從左右而上。但是這山勢，除了陡峭垂直，岩石更是鬆散易碎與滑動，攀爬非常的艱難危險。最險巇的是所謂的褐鈴雙峰橫越 (Maroon Bells Traverse)，更是險象環生，就算是攀岩高手有可能路徑偏差而近退兩難，更有不少人跌落而非死即傷，山難頻傳中，因此這褐鈴山 (Maroon Bells) 有著死亡雙鈴 (The Deadly Bells) 的稱號。

望著這凜然的巉岩峭壁，巍巍巨峰，如今已然沒有少年豪情的壯志千里。天碧藍，山長久，巍峨大山，不需一定要登臨，更不可有所謂征服之意。山之崇偉，人之渺茫，能夠靜靜的欣賞崔巍雄峰，亦是種怡然愉悅的享受。

　　Crater Lake 步道從疏林間緩緩而上，這裡林相多為白楊樹，在秋天時綠葉轉換成橘黃色，是褐鈴山區最美麗燦爛的季節，越爬越高，回首往下一望，秀麗的褐湖陳列在綠樹芳草中。

◀ Crater Lake 步道

◀從疏林間緩緩而上

　　步道繼續在森林，亂石間迂迴，褐鈴山不時呈現在眼前，褐鈴山右側的 Sleeping Sexton 也高高矗立，Sleeping Sexton 山，海拔 4103 公尺 (13460 英尺)，山勢寬廣雄渾。而山谷的另一側，更有一峰傲然聳立，那是金字塔峰 (Pyramid Peak) 海拔 4275 公尺 (14018 英尺)，山容略成三角形，山勢突起，峨然高聳，又是科羅拉多超過 14000 英尺的一座巨峰。

　　大自然是剛柔並濟的，仰望峰巒剛陽雄偉，俯視花草嬌柔婉約，高山的野花把握著夏日時光，千嬌百媚，恣意的綻放出迷人的色彩。

　　橘紅色的火燄草 (Paintbrush)，在綠草如茵裡，燦爛奪目，有如絕世美人般的豔麗。

　　純白花瓣的 Porter Aster，光影搖曳中盈盈而立，好似窈窕淑女般的韻味動人。

▼金字塔峰 Pyramid Peak
　海拔 4275 公尺

小巧動人的 Geranium richardsonii，白色花瓣中有淺紫的紋路，有如文靜淑女般的高雅氣質。

　　花型嬌柔的 Blue Flax，淺藍的色彩，可比清秀少女般的純潔迷人。

▲橘紅色的火燄草 (Paintbrush)

▲光影搖曳中的 Porter Aster

▲小巧動人的 Geranium richardsonii

▲花型嬌柔的 Blue Flax

　　而這裡最奇特的是 Blue columbines(耬斗菜)，這是科羅拉多州的州花，花瓣有內外兩層，內層 5 個花瓣合成耬斗的形狀，外層則是長形沿伸的花瓣，花色柔和淡雅，有純白，淺紫，橘粉，粉紅，嫩黃等色澤，而且通常內外層花瓣的色彩不同。

　　這雅態妍姿，蕙質蘭心的 Blue columbines，在芳草石堆中，悠悠然的迎風而立，美的有畫難繪雅態，無人可比芳容。望見此景不禁令人吟誦著……

　　　芳草綠如茵，奇花美如染；
　　　晨風散華露，清曉寒嬌嫩。

▲這裡最奇特的是 Blue columbines　　　▲這是科羅拉多州的州花

▲雅態妍姿，蕙質蘭心的 Blue columbines

◀眼前疏林叢中，有一
泓清池，Crater Lake
已經就在眼前。

沿途看盡天涯奇卉，地角芳草，越上高嶺，眼前
疏林叢中，有一泓清池，Crater Lake 已經就在眼前。

很快的來到 Crater Lake 湖畔，Crater Lake，海拔
3071 公尺 (10076 英尺)，如果翻譯中文稱為火山口湖，
與那奧勒岡州有名的火山口湖 (Crater Lake) 同名，只
是這湖應該是萬年前冰河退卻後所造成的湖泊，或許這
裡的土壤有如火山的褐色而得名吧！

▼ Crater Lake，海拔 3071 公尺。

▼徘徊於 Crater Lake 湖畔

徘徊於 Crater Lake 湖畔，此時

藍天似洗，峰巒排秀；
群山深處，清湖明媚。

早上的晨風已然消弭無蹤，壯麗山色清晰的倒影湖面，美的不禁令人靜止腳步，屏氣凝神，深恐些微的動作氣息，擾動了這如鏡的湖面。

▲藍天似洗，峰巒排秀；群山深處，清湖明媚。

▲壯麗山色清晰的倒影湖面

靜靜的欣賞湖山之美，在這遠離塵囂的倒影如夢的湖泊畔，青草萋萋的迤邐，綠松悠悠的羅列，白雪斑斑的淺鋪，雄峰森森的矗立，盡情汲取這山湖景致，不禁令人超脫塵世，陶然忘我的境地。湖面無風若鏡，人影呆立許久，看盡湖光山色，韶光悄悄過了，揮別了 Crater Lake 回程原路退回。

▲靜靜的欣賞湖山之美　　▼盡情汲取這山湖景致

▲次回到褐湖湖畔　　　▼那是 Sievers Mountain South 海拔 3877 公尺

再次回到褐湖湖畔，太陽已然東升，湖濱花草在陽光下，閃爍著耀眼的色彩，湖面綠樹倒影濛濛，湖波盪漾飄然綠意，悠然的意境緩緩流入心扉。

褐湖的東北側，綿延綠草，淺松疏林，有一山勢嶙峋的山列，那是 Sievers Mountain South 海拔 3877 公尺 (12720 英尺) 鋸齒狀的山峰，參差羅列，赭紅色的岩壁，山容頗為嶔崎怪異。

準備離開這美麗的褐湖，戀著褐湖的孃娜風情，再次的回眸一盼，此時……

山風微微吹起，有意無意的撩起湖波，
褐鈴山崔巍的山容倒影，在湖面上緩緩顫動，
看不盡山影落處，記取光陰一長笑，
驀然間，
想起那婀娜柔美的 Blue columbines(樓斗菜)，仍然在谷地深處，
美麗的默默綻放，獨處在這壯麗的褐鈴山區裡，
不禁遙想著明年此時，是否花兒依然盛開？
亦不知何時？才能夠再次掬取這柔媚的美妙花影！

▲準備離開這美麗的褐湖

▲山風微微吹起，有意無意的撩起湖波。

資料篇：

一般來說，從 6 月中到 10 月 1 日，因避免人車太多，早上八點到下午五點，Maroon Creek Rd 公路禁止私人車輛進入，只能夠搭巴士進入，想要自行開車就必須趁早在門禁開始前駛入檢查站。

褐鈴山 (Maroon Bells)，當地的網站：
https://www.aspenchamber.org/maroon-bells

褐鈴山 (Maroon Bells)，美國國家森林局的網站：
https://www.fs.usda.gov/recarea/whiteriver/recarea/?recid=41606

從停車場到 Crater Lake 的步道，步道清楚易行，全程距離來回約 5.5 公里，爬升高度約 170 公尺花費時間約 2 到 3 小時。

▲褐鈴山崔巍的山容倒影，在湖面上緩緩顫動。

大沙丘國家公園
Great Sand Dunes National Park

　　七月盛夏的下午時分，車行於美國科羅拉多州南邊的 160 號公路上，經過煙囱石國家紀念區 Chimney Rock National Monument。這裡巉岩奇峰突起，最右側是海拔 2398 公尺的 Chimney Rock，山勢尖聳。左側稍矮的則是 Companion Rock，山容魁梧陡峭。頂上更有約 1000 年前原始印地安人的遺址。只可惜行程匆匆，只能遠遠眺望，一睹那煙囱奇石的風采，傍晚時分，來到 Monte Vista 小鎮住宿，準備翌日早晨，探訪大沙丘國家公園 Great Sand Dunes National Park。

　　話說大沙丘國家公園 Great Sand Dunes National Park，在 2004 年 9 月 13 日，才剛從國家紀念地（National Monument）升格美國第 58 座國家公園。原本是美國最年輕的國家公園，但是 2013 年 1 月 11 日，另一第 59 座國家公園 Pinnacles National Park 成立，所

▲煙囱石國家紀念區，這裡巉岩奇峰突起

▲傍晚時分，來到 Monte
Vista 小鎮住宿

以目前退居第二。這大沙丘國家公園，面積約 340 平方公里，顧名思義，就是有著有如域外沙漠的景觀，漫漫黃沙一望無際，被國家地理雜誌譽為美國的撒哈拉沙漠，照理說科羅拉多州這裡並非沙漠型氣候，但是卻有巨大無垠的沙丘，大自然就是如此的神奇。

　　這沙丘如何形成，話說：在遙遠的時空裡，滄桑世間變幻莫測，地球在劇烈的轉變中，雄偉壯麗的 Sangre de Cristo Mountains 形成了，地表如此波瀾變換，地殼內部也隨著暗潮洶湧，火山豪邁的活躍，造就了 San Juan Mountains，兩大山脈之間就是 San Luis Valley 谷地，Alamosa Lake 這個群山環繞的美麗湖泊也形成了。

　　　瑩瑩積雪緩緩融化著，瀝瀝雨水輕輕飄落著，
　　　滴滴流水悄悄的穿石，谷地南邊慢慢的切割，

　　湖水穿山而出流入 Rio Grande River 這條河，偌大的 Alamosa Lake 湖也靜靜的消失了，僅留下星羅棋佈

的小湖和大片乾涸的沙質湖床，然而隨著氣候的變遷，
最後谷地中只又有沙地靜靜地躺著。

颼颼的風有如大自然辛勤的搬運工，一萬二千年
前左右開始孕育，盛行西風從西南面墨西哥州帶來的
沙，越過 San Juan Mountains 之後，卻受阻於高大的
Sangre de Cristo Mountains，於是便堆積在這個谷地。
另一側風暴帶來的東北風從 Sangre de Cristo Mountains
吹來，於是山谷中的沙受到兩個不同方向風的吹襲下。
所謂的聚沙成塔，細沙慢慢的垂直堆高起來，一座座的
宏偉沙丘於是形成。

夏日的晨間，抵達國家公園的遊客中心，到空
曠處一望，青蔥綠意的草原綿延，遠處山峰雄偉矗

▼右側前方是 Mount
　Herard，左側後方是
　Cleveland Peak

▲那大沙丘就呈現眼前

立，這高大山脈就是基督聖血山脈 (Sangre de Cristo Mountains)。右側前方是海拔 4053 公尺的 Mount Herard，山形宏偉魁梧；左側後方是海拔 4089 公尺的 Cleveland Peak，山勢挺拔巍峨；而國家公園內的最高峰，海拔 4146 公尺的 Mt. Tijeras，就在 Cleveland Peak 的北邊。

視線緩緩的移向西方，那大沙丘就呈現眼前，最高點稱為 High Dune，海拔 2649 公尺，黃沙堆積的高度有 213 公尺。而偏西海拔 2626 公尺的 Star Dune，雖底盤地勢較低，海拔高度略遜，但是黃沙堆積的高度更達 230 公尺，是全北美洲最高的沙丘。望著這亙古的沙丘，不禁令人悠悠吟唱著……

滄桑人世多變化，飛沙莫怨風來晚。
流浪天涯是無奈，歲月悠悠嘆昨日。

從遊客中心續行，車行往北左轉到停車場，開始沙地上的漫步，首先會遇到 Medano Creek。

這清淺的小溪，是雪水匯聚往下流會形成的小溪，緩緩的流過沙地，看這……

纖纖清淺的流水，細細緩鋪的黃沙。
颼颼而過的東風，悠悠移動的人影。
此情此景，意境無限……

▶首先會遇到 Medano Creek

▶這清淺的小溪，緩緩的流過沙地。

◀這清淺的小溪，緩緩
　的流過沙地。

◀纖纖清淺的流水

　　跨越小溪，眼前恍若是來到沙漠地帶，那是一望無盡的沙地，沒有任何步道，只有斑駁的前人足跡。在這裡漫步，您可以尋著前人腳印，也可以自創路徑，任意走到山丘高處，體會著域外世界的感受。沙丘最高處就是 2649 公尺的 High Dune，如果來回到 High Dune 約 3.5 公里，約 2 到 3 小時的步程，但是這裡海拔約 2500 公尺，加上沙的阻力很大，在大熱天裡，那還是很累人的。

▶眼前恍若是來到
　沙漠地帶

▼這裡沒有步道

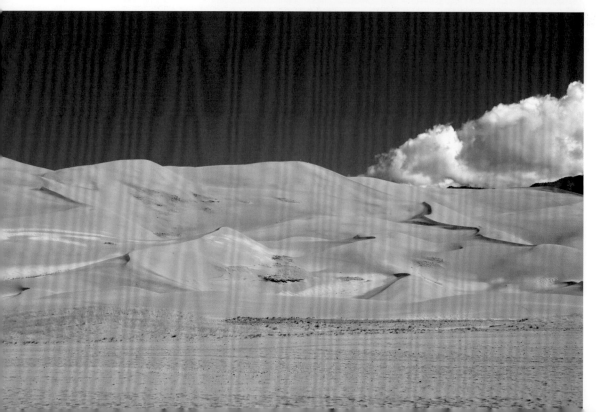

◀走到山丘高處，享受域
外世界的感受。

▼沙丘最高處就是 2649
公尺的 High Dune

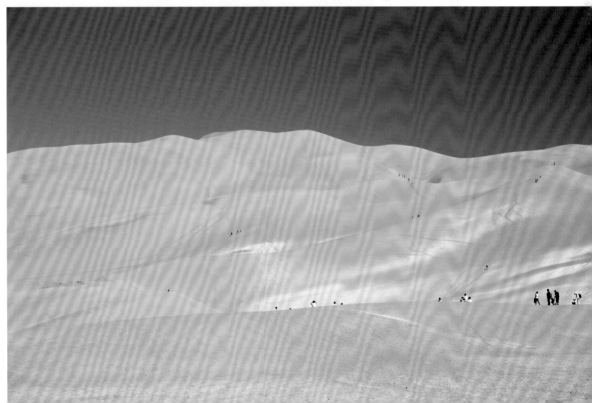

　　看到有人拿著滑板，這不是到海邊衝浪，而是來到這裡滑沙，他們爬到沙丘頂端，後來坐在裏面往沙丘下滑，享受滑雪般的愉悅。

　　我們則是以著輕鬆愉快的心情，有如那浮雲任意踱躂於藍天裡，恣意的在沙地隨意漫步，暖潤的薰風吹起細細的黃沙，在這寂寥山谷中相互追逐著，夏日的暖陽照耀悠遊的影子，在這漫漫的沙地相互追逐著，浪漫的心靈徜徉奇幻的景色，更是在這絕美景致裡相互追逐著。

▶看到有人拿著滑板

▼他們爬到沙丘頂
　端，後來坐在裏面
　往沙丘下滑

▲如那浮雲任意蹀踱於藍天裡

◀恣意的在沙地隨意漫步

◀恣意的在沙地隨意漫步

▲在這沙丘上，徘徊許久

在這沙丘上，徘徊許久，閒看蒼天飛鳥遨翔，遙望浮雲遠山綿延，靜觀沙丘起伏有致，如此的景色，不禁令人喃喃吟誦……

雲飛藍天，翠屏遠山，邐迤綿延沙丘。
風戲微沙，足跡漸泯，多少歲月風露。
風吹雲來，歲華漸暮，還記當年豪氣。
思潮如縷，暗自感嘆，誰念舊時氣概。

▲望浮雲遠山綿延

▲靜觀沙丘起伏有致

思續潮裡，緩步走回停車場，海拔 3661 公尺的 Mount Zwischen 呈現眼前，滿山的青綠，和這滿地黃沙，形成強烈的對比。

　　揮別了大沙丘國家公園，在公路旁不禁的停下車來，再次望著這鬼斧神工的大沙丘，藍天下的沙丘，依然是稜脈清晰，壯麗裡彷彿帶著滄桑之慨，深深的刻劃在人們的目光裡！

▲海拔 3661 公尺的 Mount Zwischen 呈現眼前

▲揮別了大沙丘國家公園

▲▼藍天下的沙丘，依然是稜脈清晰

離開國家公園接回 160 公路，依然惦記的那有如金色波浪起伏沙丘，不經意會顧的朝北一望，一座巍峨的巨峰呈現眼前，這是 4374 公尺的布蘭卡峰 (Blanca Peak)。布蘭卡峰 (Blanca Peak)，基督聖血山脈 (Sangre de Cristo Mountains) 的最高峰，北美洛磯山脈的第四高峰。在盛夏裡，山頂猶有殘雪，山勢雄偉，氣概中剛，不愧是科羅拉多州有名的高山。想著那沙丘就隱藏在布蘭卡峰巨大身影之後，借白雲曾知舊遊處，不禁令人吟誦著……

　　流浪的沙，隨風飄揚，落在寂靜的山谷。
　　遠離故鄉，緩緩的聚集定居。
　　彷彿不時仰望著浮雲，幽怨回顧著舊遊之處。

　　流浪的雲，隨風飄浮，越過高聳的山巒。
　　不知前程，茫然的時聚時散。
　　不禁默然的羨慕起，那不再飄泊的沙。

　　流浪的人，迎風而行，足跡烙印的沙丘。
　　在東風裡，沙又悠悠的掩蓋足跡。
　　在雲影飄散中，感嘆著滄桑的人生，
　　驚覺歲華已然虛渡！

正是：

　　知足且常樂，
　　嫉羨是虛無，
　　時光要珍惜！

▲ 4374 公尺的布蘭卡峰

資料介紹：

　　從丹佛南下 161 英里到 Walsenburg，接 160 號道向西路走 55 英里，接 150 號道路向北走 16 英里可到達。

　　這裡冬天很冷，會下雪，初春融雪時，那溪水的水量會大一些，夏天也可能乾涸，High Dune 步道來回約 3.5 公里，約 2 到 3 小時的步程，在夏天時是很炎熱，毫無遮掩，記得要趁早，而且要抹防曬油和帶足飲水。

大沙丘國家公園網站：

https://www.nps.gov/grsa/index.htm

攀登艾伯特山 Mount Elbert

清風過林而不返，飄飄搖影餘松香；
歲月流過亦不回，悠悠人生留記憶。

多年來堆疊的追憶，每一回想，彷彿昨日。憶及初中的年代，有著與一般學生不同的心境，熱愛著山川自然地理，常常翻閱研究世界地圖，鑽研著寰宇的山岳名峰，美國洛磯山脈的最高峰，Mount Elbert 的大名，已經烙印在腦海中。

大學畢業後，到美國念書，數次來到科羅拉多州，鍾情於遍訪高山，那時就特別造訪最容易到達的兩座4000 公尺級大山，4301 公尺的派克峰 (Pike Peak) 與4350 公尺的伊凡斯山 (Mt. Evans)。只是當時資訊不足，經過 Mount Elbert 附近時，只知山峰隱藏雲霧中，未能一覽芳蹤。

Elbert 是個姓氏，也是個名字，字義是高貴的聰明，於是這意義不錯的英文名就給了兒子 Elbert。

話說這 Mount Elbert，中文有人翻譯成阿爾伯特山，埃爾伯特山，或是艾伯特山，位於科羅拉多州丹佛西南方洛磯山脈中的 Sawatch Range，此山得名是以 1873 年當時科羅拉多州州長 Samuel Hitt Elbert 的姓來命名。在 1874 年時，由 H.W.Struckle 首登，Mount Elbert 海拔 14,440 呎 (4,401 公尺)，舊測標高為 4399公尺，是美國科羅拉多州與北美洛磯山脈的最高峰，美國本土 48 州的第二高峰，僅次於加州 4,421 公尺的Mount Whitney。

趁著今年暑假到科羅拉多州一遊，決定造訪這座備感親切的大山，Mount Elbert，就請隨 Elbert 的腳步，欣賞 Mount Elbert 的壯麗山景。

▲右側 4398 公尺 的
Mount Massive，
左側就是 4401 公尺
的 Mount Elbert。

◀ 4401 公尺的 Mount
Elbert，山容挺拔，
魁梧婉約。

219

盛夏時分的午後，車行 24 號公路上的阿肯色河 (Arkansas River) 河谷谷地，這裡是個海拔約 3000 公尺寬廣的高原河谷，西邊有著高大的 Sawatch Range 山脈綿延，山脈裡有兩座巨峰。

右側 4398 公尺的 Mount Massive，是美國本土第三高峰，山勢基盤廣闊，磅礴恢宏，左側就是 4401 公尺的 Mount Elbert，山容挺拔，魁梧婉約，從巍峨中見俊秀，於溫婉裡顯雄奇，流露著風度翩翩，文質彬彬的飄逸之氣勢。

當晚我們住宿於利德維爾 (Leadville)，這個海拔 3094 公尺舊銀礦小鎮，在 1882 年左右是科羅拉多第二大城，人口超過 5 萬人。後因銀價大跌而慢慢沒落，如今人口不到 3000 人，只是……

當年雖是充滿財富，卻是標準所謂西部的法外之

▼舊銀礦小鎮 Leadville
　街景

地，是個紊亂無秩序的社會，今日只是個旅遊勝地，但是居民寧靜中反而充滿悠閒自在。想想……現在的人們只是盲目追求財富時，唯利是圖，反而不見得快樂。

這高山小鎮是攀登 Mount Elbert 最近的城鎮，提到登山，攀登 Mount Elbert 主要有 4 條步道，其中距離最近的就是北稜線的北艾伯特山步道，(North Mt. Elbert Trail)，登山口在 Elbert Creek Campground 營地附近，海拔約 3060 公尺 (10040 英呎)，步道來回全長 14.4 公里 (9 英里)，攀登的時間上坡約 5 小時，下坡約 3 小時，因為步道清楚，無斷崖險壁，不需要攀岩等特別技術，有人評論為簡單，Class1。在當地的登山界以其步道不難，稱 Mount Elbert 為溫柔的巨人 (gentle giant)。但是因為高山空氣稀薄，而且落差很大，步道非常陡峭，還是需要體力和耐力，也有人把這步道列為困難級 (strenuous)。此外，這一帶山區，夏季午後經常起霧，而且會有雷陣雨，光禿的稜線上，遇雷擊是相當危險的，所以登山時間越早越好，登山必須瞭解氣象與天候。我們最後選擇 7 月 5 日，也就是天氣預報最穩定的天氣的這一天來攀登，前三天時才訂利德維爾 (Leadville) 的旅館，就是深恐如果有時間拖延時，不會受到天候的影響。

說到這裡，又不禁令人講到台灣的高山，目前進入高山要入山證，入園證，要事先申請，有些山峰還要事先幾個月前申請，抽籤限訂時間，完全無法選擇適合的天氣，不少國家公園內高山步道近年來因為颱風地震，任其荒廢，也不整理整修，現在想爬個高山比 20 幾年前還麻煩。

今天在異鄉美國攀登 4401 公尺的 Mount Elbert，如此高聳壯麗的名山，卻完全沒有任何限制麻煩，來去自如，正是：

清風無憂拂山巔，浮雲自在越峰巒！

　翌日清晨 5 點半，從利德維爾 (Leadville) 小鎮啟程，此時朝陽方升，晨曦的霞光，燦爛著 Mount Elbert 與 Mount Massive，山上的殘雪閃爍著璀璨的橘紅色，如此的美景，不禁令人駐足凝望，沉醉於這晨曦微光的柔美山色裡。正是：

曙光乍現煙未起，大地惺忪還欲眠；
曉風微拂顫晨露，霞光絢爛染遠山。

▼晨曦的霞光，燦爛著 Mount Elbert 與 Mount Massive

▲到達登山口

　　晨風拂過，夏日清晨的高地是沁涼的，從沉醉裡清醒吧！該出發了，車行約 40 分鐘，到達登山口，整理行囊，在 6 點半時，開始攀登期盼許久的 Mount Elbert 了。

　　一開始就是之字形的山路陡上，步道兩旁則是高大的青綠松杉，跨幾許清溪小澗，朝陽越過林梢，斑駁的樹影中，人影穿梭而上，翻越稜線山嶺，繞山稜緩降一小段後，約 40 分鐘後遇到 Colorado Trail 和 Mount Elbert Trail 的交會點，取右 Mount Elbert Trail 直行上山，剛開始步道寬大平緩，但是後來越來越陡峭，林縫間可以看到登山口附近的翡翠湖 (Emerald Lake)，一泓清湖靜躺於翠林之間。

▲遇到 Colorado Trail 和 Mount Elbert Trail 的交會點

▲林縫間可以看到登山口附近的翡翠湖 (Emerald Lake)

▲橙黃燦爛的 Alpine Avens，與淡紫婉約的 Tall Tansy Asters

▲白色婉約的 Mountain Dryad

　　爬升許久，來到松林之間的開闊處，蔚藍天色中，Mount Elbert 的東北前稜山頭已經呈現在眼前。這是 Mount Elbert 的第一個假山頭，山路遙遙，此時山徑要穿越森林，左上那寬廣的草原山嶺，再攀升到那假山頭之上。且先忘卻攀爬的辛苦，悠然的欣賞周遭景色，仰首崇山青松是愉悅，俯瞰奇石花草是怡情，這松林下步道旁的野花，趁著美好夏日時光，生氣蓬勃的盡情綻放，漫步其中，有如置身於花園般的陶然。

　　橙黃燦爛的 Alpine Avens，色彩明亮動人，淡紫婉約的 Tall Tansy Asters 流露著浪漫情意，白色婉約的 Mountain Dryad 隨風搖曳，可愛迷人，夏日高山野花是如此的美麗卻又短暫。

繼續前行，穿越森林線，山徑在淺草坡中迂迴向上，陡峭的路痕直達天際，很少爬大山的媽媽，累了，就休憩喝水吃點心。回首一望，方才穿越的茂密森林，已經在腳下，遠方的阿肯色河河谷，寬廣的橫陳在眼前，利德維爾 (Leadville) 小鎮也隱約可見，山谷另一側山脈也是峰巒羅列，那是洛磯山脈的 Mosquito Range，Mosquito Range 最高峰是中間稍遠隱約的林肯山 (Mt. Lincoln)，海拔 4356 公尺 (14291 英呎)，是科羅拉多州第八高峰。

◀繼續前行，穿越森林線。

◀山徑在淺草坡中迂迴向上，
　陡峭的路痕直達天際。

▲方才穿越的茂密森林，
　已經在腳下。

　　向北望去，盛夏中山谷白雪緩緩融化，雪水匯流成為艾伯特溪 (Elbert Creek)，溪水注入 Halfmoon Creek 後再流入阿肯色河。

　　仰望東北方，奧克拉荷馬山 (Mt.Oklahoma) 與馬斯夫山 (Mount Massive)，在繽紛野花裡，展現著磅礡的山容。4,222 公尺 (13852 英呎) 的奧克拉荷馬山 (Mt. Oklahoma) 山形渾圓寬廣，氣勢頗佳。而那 4,398 公尺 (14,428 英呎) 的馬斯夫山 (Mount Massive)，峰巒堆疊，龐然宏偉的山容，更是氣慨萬千，威風凜然！這馬斯夫山 (Mount Massive) 是科羅拉多州第二高峰，北美洛磯

▲盛夏中山谷白雪緩緩融化

▲左側奧克拉荷馬山與右側馬斯夫山

▲那 Mount Elbert 的第一個假山頭，還高高在上　　▲ Mount Elbert 的第一個假山頭

山脈的第二高峰，也是美國本土 48 州的第三高峰，只是既生瑜何生亮，屈居於近在咫尺的 Mount Elbert 之下，僅僅矮 3 公尺。

　　不過人們何其無聊，在 1970 年代時，有一群熱愛 Mount Massive 的登山者，發起了一個運動，就是在山頂上堆疊石塊，想使其高度超過 Mount Elbert，但是熱愛 Mount Elbert 的登山者，馬上採取反制的行動，就是登上 Mount Massive 時，把那堆起的石塊推掉，這才使 Mount Massive 的山迷放棄其企圖，Mount Elbert 仍然是科羅拉多州第一高峰。

　　向西一望，陡坡綿綿，那 Mount Elbert 的第一個假山頭，還高高在上，彷彿是可望不可及⋯⋯

　　從草原高嶺稜線上 Mount Elbert 的第一個假山頭，是最陡峭的一段，超過 45 度的斜坡，從等高線地圖看來，是密集無比的一段，這時已經接近正午，周遭的山嵐漸漸湧上，棉花似的白雲朵朵的飄蕩在藍天裡，必須加快速度了。但這時陡峻的坡度，碎石鬆軟難爬，有人想放棄了。只是這 Mount Elbert 代表著家庭的含意，鼓舞著媽媽的步伐，緩慢蹣跚而行，經過無數的鼓舞與哄騙，我們終於登上了 Mount Elbert 東北稜線的第一個假山頭，在這裡休息吃中餐吧。

▲從等高線地圖看來，
是密集無比的一段

▶必須加快速度了

▶我們終於登上了
Mount Elbert 北稜
線的第一個假山頭

▲藍色高山小湖，這是 Box Creek 的源頭　　　▲這是那是 Box Creek 的源頭

此地海拔約 4237 公尺 (13900 英呎)，所謂登高望遠，這裡的展望更是遼闊。右側山坳裡，雪水融化匯聚成藍色高山小湖，這是 Box Creek 的源頭，遠處山腳左側 Mt. Elbert Forebay Reservoir 前池水庫和 Twin Lakes 的雙湖清晰可見。

▲遠處山腳左側 Mt. Elbert Forebay Reservoir 前池水庫和 Twin Lakes 的雙湖清晰可見。

▲北邊的 Mount Massive
依然是高聳雄偉

　　北邊的 Mount Massive 依然是高聳雄偉，看那
南伸的稜線，4398 公尺的主峰，4307 公尺的 South
Massive，4154 公尺的 South South Massive，峰峰簇擁，
真不愧是能與 Mount Elbert 相庭抗衡的大山。

　　而向西南一望，又一山峰巍峨而立，這仍然不是

▲ Mount Elbert 的第二個假山頭

▲山路仍舊是陡峭

▲堆石為記的 Mount Elbert 的第二個假山頭，
Mount Elbert 的真正山峰，已經近在眼前了。

Mount Elbert，而是 Mount Elbert 的第二個假山頭。山路仍舊是
陡峭，繼續向上吧！努力的登足聲響中，我們來到有堆石為記
的 Mount Elbert 的第二個假山頭，這裡海拔大約是 4359 公尺，
Mount Elbert 的真正山峰，已經近在眼前了。

▶全家終於登上了海拔
4401 公尺 的 Mount
Elbert 艾伯特山

▶ Elbert 登上 Mount
Elbert，這真是有
著親切的感覺

　　鼓舞腳步，繼續向上，不久後我們全家終於登上了
海拔 4401 公尺的 Mount Elbert 艾伯特山 (或譯為阿爾
伯特山)，Elbert 登上 Mount Elbert，這真是有著親切的
感覺。這時候已經是下午一點半了，為著這 Elbert 的名
字，媽媽耗費好多體力才能夠登頂，年僅 15 歲的妹妹，
也是備感腳酸才登頂，登頂大家充滿幸福的感覺。

　　此時午後積雲紛紛，陰晴不定，遠處有些地方已
然飄著霧雨。還好 Mount Elbert 附近周遭，天氣還算
穩定，視野清晰遼闊，這裡已經是科羅拉多的最高峰，
方圓幾千公里內，高山無出左右，站立於頂巔，有著睥
睨四方，俯瞰群峰的感覺。

往東望去，山腳左側 Mt. Elbert Forebay Reservoir 前池水庫和 Twin Lakes 的雙湖，依然清晰可見，而北邊的 4,398 公尺 (14,428 英呎) 的馬斯夫山 (Mount Massive)，仍是魁梧聳立。

◀山腳左側 Mt. Elbert Forebay Reservoir 前池水庫和 Twin Lakes 的雙湖

▼而北邊的 4,398 公尺 的馬斯夫山

▲往西望去，層層疊疊的山峰綿延起伏

▲如此遼闊壯麗的展望，在這 Mt. Elbert 的頂峰之上

往西望去，層層疊疊的山峰綿延起伏，夏季的殘雪，有如雪白的紋路，敷疊在這些峰巒之上，構成壯麗雄偉的景色，如此遼闊壯麗的展望，在這 Mt. Elbert 的頂峰之上。

　　白雲紛飛，層疊山巒，
　　極目四望，蒼蒼萬里。

　　自古以來，多少騷人墨客，在興會盎然地登高望遠時，除了抒情於壯麗景美時，總是會憑添幾許愁己懷古的愁思。但是在此，會當凌絕頂，一覽眾山小的高峰上，更要盡情的欣賞景物，遼闊心志。正是：莫學古人懷感傷，豁達心境朗胸懷。

　　在頂上駐足多時，悠然凝山望雲，此時……
　　輕雲漠漠，東風颼颼，
　　山川美景，遼闊無涯，
　　浩瀚大地，人其微渺，
　　淡泊名利，豁達心胸。

　　揮別了 Mt. Elbert，這座一直令人魂縈夢繫的大山，匆匆而下，忽陰忽晴的天候中，偶有冰粒飄落。還好天候尚可，並沒有下雨的情況。回程經過 Box Creek 的源頭的高山湖，湖色不再是早晨的碧藍，而且呈現藍綠的色彩。陡坡急下，經草坡，入森林，回程媽媽怕走不動，速度非常的慢，途中多有休息，回到停車場已經是傍晚的七點半。從出發到回程，包括賞景休息，總共花了 13 小時，真是漫漫的長路！
　　然而雲中雲，山外山，Mt. Elbert 也悄悄隱沒在這黃昏的暮色了，只有山腳下的人們，
　　不禁再次的回眸一望。

▲回程經過 Box Creek 的源頭的高山湖　　▼湖色不再是早晨的碧藍，而且呈現黃綠帶藍的色彩

艾伯特山，俊秀山容，雄立科州，睥睨群山，
迢迢山路，步行千仞，頂巔之上，清眸四望，
遼闊天宇，白雲浮空，峰巒競秀，嶙峋羅列，
情滿大地，心隨煙雲，靜笑名利，怡然東籬。

交通與登山資料：

　　從 Leadville，沿 US24 號公路向南開 3.5 英里接科羅拉多 300 號公路，0.7 英里後，左轉 Lake County 11 號公路，向南 1.8 英里後，接 Halfmoon Creek 道路，走 5.1 英里後，經過 Elbert Creek Campground 不久，就可以看到左側 North Mt, Elbert Trailhead 標誌的登山口，停車場並不是很大，車位有限。

　　登山口海拔約 3060 公尺 (10040 英呎)，爬升高度約 1433 公尺 (4700 英呎)，步道來回全長 14.4 公里 (9 英里)，攀登的時間約 7 到 9 小時，上坡約 5 小時，下坡約 3 小時。

　　由於是高地，空氣稀薄，或許會多花些時間，記得備妥飲水，乾糧等登山必要裝備，這裡步道冬天積雪，大概要到 6 月才會開始融化。基本上登山時期是 6 月到 9 月，7 月 8 月時，這裡午後容易起霧，而且常有雷陣雨，許多登山網站都有特別警告，小心午後的雷擊，所以登山時間越早越好。

以下是兩個美國登山網站的資料：
http://www.rockymountainhikingtrails.com/mount-elbert.htm
http://www.summitpost.org/mount-elbert/150325

日本篇
JAPAN

高山秋色～
日本中央阿爾卑斯千疊敷冰斗

　　午後的斜陽溫潤，電車急行在日本長野南部天竜川的河谷平原上，田野的稻穗已然金黃閃爍，洋溢等待豐收的喜悅。秋日時光已然到來，公路從駒ヶ根市沿天竜川的太田切川而上，溪畔氤氳隨秋風舞動，早太郎溫泉的山野草の宿二人静溫泉旅館，就依偎在山谷溪流畔。

　　近晚時分，趁夕照微風，漫步旅館周遭是種怡然的享受。只見太田切川水流湍急，而遠處高峰就是中央阿爾卑斯千疊敷冰斗，頂上紅葉隱隱可見，正是……

　　潺湲秋水自多情，高遠秋山顯浪漫；
　　多少秋波見詩意，盡在秋陽輕靄裡。

▼只見太田切川水流湍急

而遙望東側，則是日本有名的赤石山脈，又稱南阿爾卑斯山。在殘陽裡，峰巒層疊，光影夢幻，高峰林立，起伏有致。

左側是 2967 公尺的甲斐駒ヶ岳，中間是 3033 公尺的仙丈ヶ岳，右側的高峰就是南阿爾卑斯山的最高峰，日本第二高峰，海拔 3193 公尺的北岳。說到北岳，很多人都只知富士山，而不知北岳，或許這就是許多世人只想爭第一的原因，但是人們何其多事無聊，大自然裡不論高低的山峰，又怎會爭名好強，只是在每個春夏秋冬裡，日復一日，靜靜的佇立！

▲遠處高峰就是中央阿爾卑斯千疊敷冰斗，頂上紅葉隱隱可見

▼右側的高峰就是日本第二高峰，海拔 3193 公尺的北岳

▶恬適淡雅的溫泉旅館
　山野草の宿二人静

▶精緻的會席料理

　　　恬適淡雅的溫泉旅館山野草の宿二人静，在如此偏遠的山區，但是設備，服務，餐點卻是非常有水準！精緻的會席料理，多是山中的野菜土產，美味裡充滿著鄉野的氣息。我更喜愛這裡的山巒，溪流與清靜，夜裡星光縹渺，浸在溫泉裡，偶有涼風越過樹梢，盈耳的是清溪越石的流水聲籟，在深夜時，伴人悄然入睡……

▲美味裡充滿著鄉野的氣息

翌日清晨，晨光照耀旅館，旅館前的楓樹已然有些許紅葉，彷彿與山上紅葉交輝映。走向駒ヶ根橋上，山明水淨，景色清爽，仰望朝陽下的山巒，谷地林木青翠蓊鬱，但山頂附近則是泛紅一片，那就是今天的目的地，千疊敷冰斗。

　　晨間乘坐公車來到しらび平纜車站，在此更換纜車，這駒之嶽空中纜車是日本最早的空中纜車，只要七分半鐘的光景，爬高 950 公尺，直上海拔 2612 公尺的千疊敷站。

▲晨光照耀旅館

▲些許紅葉，彷彿與山上紅葉交輝映

▼仰望朝陽下的山巒

　　乘坐纜車欣賞景致，彷彿光陰飛快的轉換，剛乘坐時，兩旁依然是綠樹如茵，蒼翠蓊鬱。然而在海拔 1800 公尺時，展現出黃綠交錯的景色，過海拔 2000 公尺後，則是滿山黃紅色彩。那清溪飛瀑則是將這季節更迭連接，從高高的山上，穿梭林間，飛奔而下。

　　來到千疊敷站，這是日本最高纜車站，纜車站緊鄰著中央アルプス・ホテル千疊敷，則是日本最高的旅館。如果有閒暇，在這裡小住一晚，俯瞰山腳燈火，仰望星空銀河，那真是悠閒的享受。

　　而這裡也是攀登木曽駒ケ岳的起點，海拔 2956 公尺木曽駒ケ岳，是木曽山脈（又稱中阿爾卑斯山）的最高峰，也是日本百名山，從纜車站來回約 4 到 5 小時可登頂，我們則是散步於環繞一圈約 40 分鐘的自然步道，悠然的盡賞高山秋色。

　　步道開始於駒ケ岳神社，日本人認為神明存在大自然的任何地方，而高山離上天更近，在許多山頂都蓋有神社，駒ケ岳神社規模很小，位於步道起點，彷彿在庇佑著來來去去的登山客。

　　緩步於步道上，這裡是駒ケ岳千疊敷冰斗的所在，千疊敷是指這裡大小有如一千疊的榻榻米，冰斗則是山地冰河侵蝕而形成的，一種三面山壁環繞，另一面為低平出口的凹地。

　　大自然真是最偉大的雕塑家，兩萬年前冰河時代，冰河在此深深的鑿刻。8000 年前冰河退縮了，冰雪依然在默默的琢磨，風與雨則是慢慢的雕飾，形成今日壯麗的景色！

▲在海拔 1800 公尺時，展現出黃綠交錯的景色

▲過海拔 2000 公尺後，則是滿山黃紅色彩

▲那清溪飛瀑則是將這季節更迭連接

▲步道開始於駒ケ岳神社

▼ 2931 公尺的寶劍岳

▲這裡的群峰岩層裸露，高低起伏，氣象恢宏

　　這裡的群峰岩層裸露，高低起伏，氣象恢宏，而那 2931 公尺的寶劍岳，崢嶸岩嶢的岩壁，凌厲尖聳的山勢，宛若寶劍直立在山脊上，氣勢雄偉凜然。

▲美景喚醒著雙眸

　　然而巍峨的山容，在這無限的秋色裡，又顯的柔情如水，明媚動人，美景喚醒著雙眸，只見金黃的淺草緩鋪，偶有紅葉與綠色松柏點綴其間，不禁令人目光望著……
　　望著……
　　凝滯於秋山深處……

　　而冰斗向東缺口的景色，更是另有一番氣象，木曾駒ケ岳向東延伸海拔 2883 公尺的伊那前岳，那山麓的色彩絢爛，更是充滿著濃郁的秋色，如此的滿山秋時韻致，嫵媚可比春花，正是：

　　晴空黃葉地，玉露顯晶瑩；
　　天涼紅葉生，婀娜嫵媚見；
　　色彩如花朵，燦爛令人醉！

　　不解文人多悲秋，流連秋色總感傷，
　　世人逢秋亦嘆息，惶恐寒冬已將至。
　　天清舒爽秋光裡，翩翩深紅又淺黃，
　　只盼秋風輕拂過，滿樹閃爍如彩波。

◀冰斗向東缺口的景色

◀那山麓的色彩絢爛，更
是充滿著濃郁的秋色

◀只盼秋風輕拂過，滿樹
閃爍如彩波

▼遠處的南阿爾卑斯山
峰巒林立

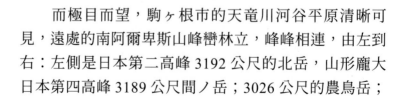

　　而極目而望，駒ヶ根市的天竜川河谷平原清晰可見，遠處的南阿爾卑斯山峰巒林立，峰峰相連，由左到右：左側是日本第二高峰3192公尺的北岳，山形龐大日本第四高峰3189公尺間ノ岳；3026公尺的農鳥岳；

　　稍右山形微尖是 3047 公尺的鹽見岳；最右兩座連峰是 3147 公尺
的東岳和 3081 公尺的荒川岳；而最遠處正中間的錐形山峰，就
是日本第一高峰，富士山。

　　從這角度看，真是群山擁簇著富士山。

▲步道經過通往木曾駒ケ岳的叉路

▲這裡有一清淺小池,稱為劍池

　　步道經過通往木曾駒ケ岳的叉路後,沿著那伊前峰絢爛的山坡,緩緩降到冰斗前緣。這裡有一清淺小池,稱為劍池,(日文為劍ケ池),池水映著千疊敷的秋色,輕風拂過時,秋波盪漾,真是山水如繡,不禁令人躑躅池盼,流連忘返。

▲池水映著千疊敷的秋色

▲從劍池緩坡而上

▲直達那河谷平原

　　從劍池緩坡而上，回到旅館和纜車站前的開闊處，可見這劍池流水，則順著昔日冰河的足跡，沿山谷奔流而下，直達那河谷平原。纜車依舊來回不停的穿梭，待會就要搭這纜車回到平地，只是……昔日冰河已不再，今日秋色將凋零，令人深深的感慨著……時光匆匆……

▲纜車依舊來回不停的穿梭

　　依依回首處，高嶺上的白雲，雲影依然流連在龍池的湖面
上，不禁令人再次的凝望著這壯麗的千疊敷冰斗秋色。

　　碧藍的晴空，絢爛的大地，巍峨的峰巒，晶瑩的湖泊，秋
天迷人風韻呼喚著兩瞳，盡覽秋日山巒嫵媚的風采。微微山風
捎來了秋之氣息，彷彿隱含遠古冰河的芬芳，擁抱高山秋色，

　　只盼秋光長久，然而⋯⋯秋日時光彷彿催促著西風，昨夜

▲高嶺上的白雲

▲壯麗的千疊敷冰斗秋色

◀秋天迷人風韻呼喚著兩瞳

寒霜悄然昇華為煙嵐，時序來去如流矢，冉冉光陰不待人，珍惜著
當下美景，莫為悲秋空嘆息！

　　身旁……微寒秋風悠然的迴盪山谷，醉人秋韻依然的流連徘
徊，忘卻著世俗紛擾，藐視著功名利祿。凝望池水飛越的白雲蹤影，
思緒驀然的浮現，昔日的陶淵明，依偎東籬旁賞菊時，是否也凝視
著南山的秋色……

仰望富士山之美

　　日本最高峰⋯⋯富士山。橫跨於靜岡縣和山梨縣的一座火山，海拔 3776 公尺，是日本人心目中的聖山。富士山於 2013 年 6 月 22 日正式登記為世界遺產，有趣的是，並不是被列為世界自然遺產，而是以富士山與周遭景點，所衍生的日本文化與精神信仰，被登錄為世界文化遺產。

　　富士山本身是個典型的層狀火山，火山熔岩噴發堆積形成山體，後經多次噴發，火山噴發物層層堆積，形成漂亮錐狀火山。富士山最後一次噴發是在 1707 年，一直沉寂至今。有人擔心富士山會再次爆發⋯⋯究竟何時，則是無人能知！

　　曾經到日本多次，從不同的地點仰望富士山，在那充滿著孺慕之心境與仰望的目光裡，讚賞著富士山之美！

▼靜靜欣賞富士山雄姿

回憶著當年初春時遊日本箱根姥子溫泉，在那箱根綠色廣場溫泉旅館 (Hokone Green Plaza Hotel)，泡著溫泉，靜靜欣賞富士山雄姿，那是多麼的愜意……

正是：

富士白雪是晶瑩，士民仰望孺慕情；
山峰優雅見巍峨，美景如畫陶然醉。

而漫步於附近的大涌谷時，瞻望富士山，高高聳立於縱橫的群山之中，正是：

三月景色仍蕭瑟，枯枝索然少綠意；
目光遙望富士頂，皚皚白雪映藍天。

還記得在靜岡市附近乘坐電車前往下部溫泉時，向北凝望，層層疊疊的樓宇房舍中，富士山美麗的山形，呈現在地平線上，不禁令人感到……碧藍晴空見雪山，笑語紅紫如塵，平地樓閣仰富士，淡看人生起伏！

▲富士山高高聳立於
縱橫的群山之中

▼富士山美麗的山形呈現在地平線上

▲葛城山頂看富士山

也曾在暖煦的三月春日，在伊豆長岡溫泉的葛城山頂，眺望山巒、海景、平原以及遠處的富士山。遼闊美麗的景致令人心曠神怡……有人陶然的寫著：

層疊山巒靜迤邐，田野碧海入眼簾，
遙指煙雲迴溫處，白雪富士凌雲霄。

幾次徜徉在那日本新三景，三保の松原的海邊，仰望著富士山。在淡淡的六月天，富士山仍有殘雪，雖然天候不佳，波濤洶湧，但是從海邊展望富士山，感覺格外高聳挺拔……

▶淡淡的六月天～
富士山仍有殘雪

◀隱約的富士山巔

　　翌日清晨，雲霧漸散，隱約的富士山巔，猶有老
鷹盤旋，更顯得神秘而聖潔，遊子在此喃喃道⋯⋯

　　仙女已去飛雲過，風送雲散波漸平；
　　古松盤踞飛鷹繞，富士高嶺煙嵐中。

▼猶有老鷹盤旋，更顯得
　神秘而聖潔

　　12 月晴朗三保松原的海岸，富士山巔積雪盈盈，煙雲迴繞的雪峰，伴隨大海的波浪，冬風過處，不禁令人感嘆！

　　人事空隨浪花，夢隨波瀾西東，惟有富士山依然巍峨。頂峰白雪是如此的晶瑩純白，在今如此虛偽紛擾的世道裡，心中默默的期盼……人心也能有如白雪的純潔無瑕！

▲富士山巔積雪盈盈

▲煙雲迴繞的雪峰，伴隨大海的波浪

靜岡縣的燒津溫泉，燒津格蘭酒店 (Yaizu Grand Hotel) 就佇足在海邊的高岡上。薄暮時分，從房間悄然的推開窗戶：隔海眺望富士山，波瀾不驚，彩雲影裏徘徊的是那淡粉餘暉的積雪山巔，正是……

斜陽餘暉，淡彩著雪白山峰；
幾抹胭紅，微醺著遊子心扉！

而在那忍野八海，這八個碧藍清澈的小水池畔，富士山磅礡的山容，總是矗立在眼前。

附近有名的鐘山苑溫泉旅館，在清晨時，悠悠然的打開窗戶，那晨曦中的富士山巍巍而立，此時此刻……雪映朝霞山連天，薄敷金光，多少情意，更在朝陽裡！

所謂湖光山色，在山梨縣的河口湖，更是欣賞富士山的好地方，可以瞭解到逆富士，也就是富士山倒影悄然紛落湖面的美景。某年深秋，偃河口湖畔，美麗的山湖景色，晨昏之際，最是令人陶醉……

▲在忍野八海，富士山磅礴的山容，總是矗立在眼前

▲在鐘山苑溫泉旅館，那晨曦中的富士山巍巍而立

◀秋陽斜照，景象萬千

回想著當時黃昏之時，秋陽斜照，景象萬千，曾經有人讚嘆道……

逍遙浮雲飄天際，絢爛暮色染穹蒼；
巍峨富士立湖畔，頂峰白雪映霞光。

在日本有一句俗語，「一富士二鷹三茄子」，如果夢到或是看到，都會帶來好運。在此夜暮低垂，絢爛的彤雲已經悄悄的歸去，只有那富士之雪，還燦爛著白日最後的光芒，一隻老鷹迎著夕陽，飛越富士雪山……

▼一隻老鷹迎著夕陽，
　飛越富士雪山。

　　夜暮低垂，河口湖畔依舊風光迷人，因為……黑
夜中的富士山，在樹影與星光裡，依然展現著無限的風
情，隱約裡有著磅礴恢宏的氣勢！

　　晨光熹微，晨風輕拂，富士山影悄然飄落湖面，
這是多麼令人陶醉的景色，漫步在無限意境中，令人悠
然稱讚著……

　　　蘆葦隨風輕搖，扁舟隨水緩過；
　　　朝霧隨意漫飄，積雪富士屹立。

　　而紅葉與湖色交織的富士山，景致更是清明秀麗，
正是：

　　　靜看那山前浮雲，默數那林稍紅葉；
　　　嘆浮生風塵渺渺，感山湖深處清閒。

▲富士山影悄然飄落湖面，這是多麼令人陶醉的景色

　　這秋日最後的彩葉，幾許紅黃之葉繽紛，寒冬腳步即將到來，遍地落葉且化春泥，期盼明年春時紅花，富士山積雪又融雪，令人感慨的是歲月。而這多年來數次造訪日本，僕僕風塵，時空交錯，欣賞著富士山之美，富士山影總是交織著心靈。然而……最令人感慨的還是歲月。

▲紅葉與湖色交織的富士山，景致更是清明秀麗

登臨富士山之巔

　　在富士山周遭，瞻仰著日本第一的高峰，那孤傲聖潔，高不可攀的山容，總是令人讚嘆！如果親臨其上，又是什麼感覺與景觀呢？請隨 Elbert 敬畏大山的腳步，欣賞攀登富士山的美景！

　　乘車來到五合目，這裡海拔已經是 2305 公尺，來此遊覽的遊客非常多，商店街非常熱鬧。

　　這裡有個公共廁所是免費的，否則商店或是餐廳要付 200 元日幣，富士山沿途的登山小屋廁所，也是要收費的，而且沿途沒有垃圾桶，自己的垃圾帶回家，高山上只需要留下記憶。

　　五合目廁所前有個展望台，可以眺望遠近山巒，可惜今天天氣陰沉有微雨，天空有厚厚雲層，而山腳亦有雲海飄浮，呈現另一種美景。

　　遠處是日本的南阿爾卑斯山，南阿爾卑斯山的最高峰，日本第二高峰，海拔 3193 公尺的北岳，也隱約可見。

▼五合目，來此遊覽的
　遊客非常多，商店街
　非常熱鬧

▲日本第二高峰，海拔
　3193 公尺的北岳，也
　隱約可見

◀我們先到五合目的小御
　嶽神社參拜，祈求登山
　順利成功

　　既生瑜，何生亮，日本富士山舉世聞名，而北岳
卻許多人都不知曉。事實上，山有高低，人有高矮，是
無需爭名奪利的。用過午餐後，我們先到五合目的小御
嶽神社參拜，祈求登山順利成功。

　　下午兩點半從富士山登山口出發，從這裡到富士山頂步程 6.9 公里，估計約要 405 分鐘。富士山的地形，在 2500 公尺以下有著茂密的森林。但是 2500 公尺以上，由於是火山熔岩，土壤貧瘠，沒有大樹，只有低矮的灌木與草本植物生長，因此從五合目步行不久，就穿出森林，開始進入只有矮小植被的地形。這裡夏季 8 月開的最茂盛是虎杖花，這種高山植物在台灣高山也有生長，雪山七卡山莊附近，就有不少的虎杖花。雲霧裡走在這步道上，滿眼望去，黃紅交織的小花為枯寂的大地，捎來不少生氣與色彩。

▶富士山登山口

▶這裡夏季 8 月開的最茂盛是虎杖花

從五合目到六合目約 1.7 公里，但是坡度平緩，六合目海拔約 2390 公尺。這裡有個富士山警備派出所，在此地警察會給每個人一份登山地圖，從六合目開始，才有真正的爬坡；也可以說是無盡的上坡，直達我們今晚住宿 3450 公尺的本八合目御來光館與 3776 公尺的富士山頂。

稍微休息整裝，開始上坡了。往下一望，已經走在雲霧之上，層層疊疊的雲海在山谷中翻騰。往上一看，可以看到之字形的步道直達山頂，沿途有七合目，八合目，本八合目的大小山屋，還有那許多的登山客，正在埋首的往上爬……

◀無盡的上坡

▼往上一看，可以看到之字形的步道直達山頂

▶俯瞰雲海縫隙裡，
河口湖隱約可見

　　繼續奮力向上，此時山風吹起，煙雲飛揚。天氣
稍微好轉，仰首可見藍天裡白雲飄渺，俯瞰雲海縫隙
裡，河口湖隱約可見。

　　這上坡路真是走走停停，並不是喘息走不動，而
是登山客真的很多，有如市場一樣熱鬧，山道上常常會
擁擠不堪，速度變慢。爬到了 2700 公尺的七合目，先
到的是花小屋，再來是日の出館，然後是 2790 公尺的
鎌岩館、富士一館、鳥居莊、東洋館等小屋都有住宿與
餐飲的供應。不過價格開始變貴了，例如一罐水要 400
日幣。

▼山道上常常會擁擠
　不堪

令人驚奇的是此時看到道旁的野花盛開，這是粉紅色的 Fireweed pink 粉紅柳蘭，或稱柳草，在北美常見的高山植物，色彩亮麗。這可以說是夏天最後的色彩，因為這種花凋謝時，也代表夏日即將結束。

而往下一望，七合目登山屋盡在腳下，六合目已經隱沒於雲海之中，持續向上攀爬，高度突破 3000 公尺，來到了 3100 公尺的八合目，這裡山屋有太子館，蓬萊莊，元祖室和神社天拜宮，隨著高度上升，一瓶水價格也漲到 500 元日幣。

◀這 是 Fireweed pink 粉紅柳蘭

◀而往下一望，七合目登山屋盡在腳下，六合目已經隱沒於雲海之中

▲這是山與雲的交織
　變化之奧妙

　　此時已經傍晚 6 點，天色漸漸昏暗，山巒間，雲霧氤氳隨風起舞，脈動的雲，時而消散，時而湧出，靜止的山，時而隱沒，時而浮現，這是山與雲的交織變化之奧妙。而步道上也有感人的景觀，一位父親牽著大概是 6 到 7 歲小朋友的手，奮力往上爬，那麼小的小孩都能夠登頂富士山，這場面真是充滿親情與勇氣！

▶一位父親牽著大概是
　6 到 7 歲小朋友的手，
　奮力往上爬

▲山腳的燈火也明亮閃爍

◀御来光館的晚餐

　　暮色裡，山谷雲海依然隨風漫舞，山腳的燈火也明亮閃爍。天色已暗，我們終於到了 3400 公尺的本八合目，這裡有トモエ館，富士山ホテル和上江戶屋。再爬 50 公尺，晚上 7 點左右終於來到了御来光館。

　　御来光館，海拔 3450 公尺，是最接近富士山頂的小屋，今年住宿這裡一泊二食，一人價位要 8500 日幣，幾乎是一般溫泉旅館的價格。可惜的是，晚餐只有少少的白飯，少少的沙拉小菜，加上一塊很油膩很肥而且冷冷的漢堡組合牛肉。沒想到在日本也有不好吃的餐點……

▲俯瞰山腳的城鎮，真是
有著無邊風月的感覺

比平常在爬台灣高山的野炊還糟，還不如來一碗熱熱泡麵，但是在高山上就將就一下。

更令人詬病的是床舖，非常小的枕頭，非常狹小的床位，很奇怪的是三人蓋兩件棉被？？根本就是無法好好入睡！想到在台灣登山，用睡袋睡眠，還比這舒適！

仔細查網路，其他家小屋也是擁擠，不過感覺比較大，至少一人一件睡袋棉被。看到很多網評，特別是用英文評論的外國人，都有同樣的不滿，既然蓋了山屋，山屋人數又有預約與限定，為何不讓登山客睡好一些，真是令人納悶？

吃完晚餐等待同伙時，頂著 10 度以下的寒風，拾起重重的相機與腳架，來欣賞夜色……

在高山，夜露收殘暑，清風襯暮色，雲霧依然飄浮，從 3450 公尺的地方，俯瞰山腳的城鎮，真是有著無邊風月的感覺！向東望去，輝煌的燈火，左側是富士吉田市，右側是山中湖附近的燈光。

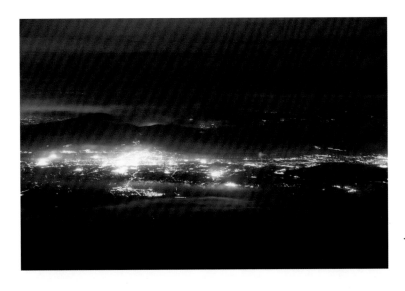

◀左側是富士吉田市，右側
　是山中湖附近的燈光

　　凝顧，再次凝顧；晚風，再次吹拂；雲霧，再次迷漫；
燈火，再次閃爍！這大約是北邊河口湖附近的景色……
撲朔迷離，美不勝收！

　　正是：

　　夏末東風夜色寒，雲霧紛飛是迷離；
　　琉璃燈火在虛空，倚闌人在高山上。
　　如此美麗的夜色，只有在這高山之上，
　　才能夠盡情從高往下欣賞所得的美景。

▼撲朔迷離—美不勝收

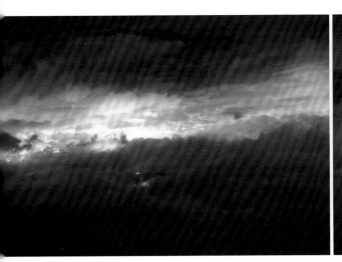 

▶富士山頂上奧宮

　　高山的深夜，狹窄擁擠的床位，厚重的棉被，非常不舒適的枕頭，一夜輾轉難眠。兩點的時候，乾脆就不睡了，因為兩點半整裝三點要出發。忘卻這旅館的不如意，開始朝富士山巔邁進。清晨看日出的登山客真是多，在擁塞的步道走走停停，終於在 4 點時到達富士山山頂。山頂的小店已經開門營業，花 400 元買杯熱可可與咖啡，暖一身體，在富士山頂上奧宮，等待著日出……

　　默默等待了一小時，只見雲海漫漫岫重重，絢爛晨曦沾染天邊浮雲。天色漸亮裡，陽光輕灑雲端，知曉朝陽已然高升，雖然沒能夠明顯看到所謂御来光，但是也是壯麗迷人的景色。

　　開始要環繞富士山頂一圈，在富士山頂直徑約 800公尺的火山口周邊，有八座山峰起伏，稱為富士八峰，分別是：

　　劍峰，3776 公尺也是日本最高峰；白山嶽 (釋迦岳)3756 公尺；伊豆岳 (阿彌陀岳)3740 公尺；朝日岳 (大日岳)3730 公尺；勢至岳 (成就岳)3730 公尺；三島岳 (文殊岳)3730 公尺；久須志岳 (藥師岳)3720 公尺；駒岳 (淺間岳)3710 公尺。

▲只見雲海漫漫岫重重　　▼天色漸亮裡，陽光輕灑雲端，知曉朝陽已然高升

　　此時山下雲海激盪，山頂則是彤雲斜飛，強勁的山風裡，山嵐在峰巒間婆娑起舞。頂著強風，緩緩前行，只見周遭山川如畫，雲海飄盪，柔和的旭日光芒在雲縫中，輕巧的散落在雲海之上……形成夢幻般的景象，不禁令人讚嘆道：

　　風起雲聚氤氳起，輕煙繚繞柔光現；
　　美景乍現令人醉，夢雲深處不留蹤。

　　靜觀這縈迴於心扉的壯觀雲海，引人入勝的柔彩光芒，真是有著行至水窮處，坐看雲起時的無限情懷。

▲柔和的旭日光芒在雲縫中，
　輕巧的散落在雲海之上

▲風起雲聚氤氳起，輕煙繚繞柔光現，美景乍現令人醉，
　夢雲深處不留蹤。

▲神社旁有個日本最高的郵局

▲並不是排隊買美食，而是要排隊上劍峰照相

　　步行到淺間大社，這裡是全日本最高的神社，神社旁有個日本最高的郵局。

　　迎風走向陡峭的馬背稜線，開始要排隊，並不是排隊買美食，而是要排隊上劍峰照相。

　　等了約 20 分，終於到達日本最高峰富士山的劍峰，拍照留下美好難忘的回憶與父子之情。

▲終於到達日本最高峰　　▲拍照留下美好難忘的回憶與父子之情
　富士山的劍峰

▶繞過火山口裡所
謂的萬年冰

　　此時峰頂迷霧深鎖，風勢強勁，拍照後匆匆而行，
繞過火山口裡所謂的萬年冰，回到凌晨上山的小屋。
在此花 900 元買一碗普通的味增拉麵，熱騰騰的拉麵，
在這時候吃起來，感覺特別的美味！

　　開始下山了，富士山每條路都分為上山路和下山
路，避免山道擁擠，這時候的下山路一樣陡峭不過寬
大，連履帶補給車都可以行走。急行到山腰時，雲霧漸
漸飄散，行走於煙嵐裡，有著穿雲駕霧之感……

　　12 點整我們已經回到五合目，更恰巧有山梨高校
的樂隊表演，彷彿在歡迎我們一樣，回首一望，富士山
巔仍然有白雲繚繞。

▲急行到山腰時，雲霧漸漸飄散

▲行走於煙嵐裡，有著穿雲駕霧之感

▶更恰巧有山梨高校的樂隊表演

▶回首一望，富士山巔仍然有白
雲繚繞

　　隔日早上天氣放晴，在靜岡平和公園，看到了富
士山優美的山形，眺望著富士山，回想著前日，我們正
在富士山的山頂上：

昨日山巔俯平疇，山嵐拂大地；
今日原野望雄峰，煙雲淡山色。
驚覺，多少時光日已過，
悠然，思緒依然高山上。

　　此次登山前，研究閱讀過攀登富士山的資料與文章，不少人嫌惡陡峭的步道與光禿禿的景色，也有人抱怨攀登的人非常多與那零亂的小屋，更有人還以登富士山是世紀最大騙局來形容？個人登山一向不喜歡用征服，踩在腳下，或是制霸之情來形容。因為山是恢宏雄偉的，渺渺的人類實在微不足道，人們應該懷著崇敬之心，有幸造訪之意，來親近高山。愛山之人，登山除了登頂之外，沿途欣賞藍天浮雲，高山小花，星光夜色，日出日落，與那無盡眺望之美，那更是種樂趣。

　　個人雖然不喜歡登山人潮太多，失去大山的寧靜與氣氛，也不贊成在高山上有那麼多人工建築，破壞高山自然之美。但是，人潮多和過度開放是人為問題非山之過，富士之山還是高聳入雲的屹立，獨高於日本，聳立在海濱，睥睨著群山。而那高山的煙嵐浮雲，高山的日出日落，更是如此的壯觀美麗！山的宏偉，磅礡與深奧，又豈是渺渺人類所能明瞭，登山之客更應該以著孺慕之情來愛慕與尊敬大山！

參考資料：

[行程表]

　　第一天，14:30 五合目，15:20 六合目，16:30 七合目，18:00 八合目，19:00 本八合目御來光館。

　　第二天，03:00 本八合目御來光館，04:00 富士山頂上奧宮，05:30 富士山頂上奧宮出發，06:00 郵局，06:30 劍峰，07:30 富士山頂上奧宮，08:30 出發，12:00 五合目。

　　以上時間是個人行程，包括等待團員和步道阻塞的時間，其他團員有人上下山各自慢了兩小時。登富士山還是需要體力的，雖然來回約 14 公里，但是有著 1471 公尺的落差，山頂清晨溫度在夏日，只有 5 度左右，所以登山裝備更是要齊全，不可以以著觀光的心情來爬富士山。

日本富士山登山網站：
http://www.fujisan-climb.jp/
富士山山頂天気予報【富士さんぽ】：
http://www.tenki.jp/mountain/5/25/30.html
富士山吉田口旅館組合：
www.mtfuji.jpn.org/

昇仙峽秋色

秋風捎來涼意，蟲鳴譜曲秋怨；
明月高掛樹梢，紅葉已然繽紛。

清溪秋水潺湲，天際秋嵐飄渺；
林端秋意正濃，數疊秋山燦爛。

秋風意濃人已醉，幽情處處葉已落；
夢回醉眼乍醒時，雁聲迴盪滿秋愁。

秋天是騷人墨客喜歡吟誦的季節，在日本最有名的「萬葉集」，是日語詩歌總集，裡面詩詞以欣賞春櫻與紅葉為最多。

日本人觀賞紅葉自古有之，日本人已經把賞紅葉稱為「紅葉狩」，在世界各地雖然有許多遼闊壯觀的賞楓勝地，但是日本的紅葉美景則是充滿著細膩的感覺，優美景致裡還隱藏著翩翩的詩意。

在日本山梨縣，多摩秩父國立公園，那裡的御室昇仙峽(みたけしょうせんきょう)，日本人認為這裡的美景中充滿靈氣，可以在這裡修得正果，得道成仙，所以稱為昇仙峽。

這是日本十大賞紅葉的勝地之一，也有日本第一的溪谷的美譽，溪谷之美裡，紅葉翩然……

在一個雲捲風定的秋日，來到了昇仙峽入口的長潭橋，古樸的水泥石橋，荒川溪水緩緩的從橋下流過，周遭秋天的色彩浪漫，詩情畫意的景色令人陶醉。這裡是昇仙峽步道的起點，跨越長潭橋，從這裡到覺丹峰約3公里，沿著溪谷蜿蜒而上，可以盡情欣賞溪谷之美。

　　踽踽漫步於溪畔山徑，峽谷中，浪漫溪流隨心繞，不管巨石青山阻，荒川之水長久以來，琢磨著谷中的花崗岩與玉石，彷彿是大自然的雕塑家，呈現出清溪漱玉的景象。

▲踽踽漫步於溪畔山徑

　　人們豐富的想像力，給這些奇石豐富的生命力，這裡岩石有許多的名稱，例如天狗岩、大砲石、龜石、松茸石、駱駝石、富士石、大佛岩、猿岩等……在給人們欣賞奇石與溪谷之美時，更帶來許多啟示與想像的樂趣。

▲駱駝石

▲富士石

▲松茸石

▲大佛岩

▲望著枝頭的紅葉繽紛，秋陽潋灩著清溪淺流

▲覺丹峰是 1058 公尺羅漢寺
山向東沿伸的大岩石山峰

　　昇仙峽的溪谷，在遲遲的秋日裡，洋溢著輕柔優雅的意
境，在這浪漫的秋意裡，望著枝頭的紅葉繽紛，秋陽潋灩著
清溪淺流，迷人的景致，浮現著多少的浮塵往事，喚起著多
少的舊日情景，只有在那微風吹落一縷紅葉時，才會驚覺時
光年華已過……只留追憶……

　　信步來到覺丹峰下，這是昇仙峽的奇景，「雲飛ぶや天
馳使が種置ける覚円峰の岩肩の松…」，這是昔日日本詩人
伊藤左千夫形容覺丹峰之美的詩詞。

　　覺丹峰是 1058 公尺羅漢寺山向東沿伸的大岩石山峰，那
180 公尺高的岩壁巍峨矗立，蒼柏翠松依稀散佈在異石之上，
更有紅葉點綴其中，形成充滿藝術，色彩與力量的美景。

　　清風吹松綠如絲，山嵐起處白如綿。
　　俯仰之際，峰嶺上雲霧飄渺……
　　凝望著山岳造型之美，細數著山壁上的刻痕，
　　這是無盡的光陰歲月，不斷的風化侵蝕，
　　刻劃出奇特的山容，也刻劃在人的心靈深處！
　　而那燦爛的紅葉與蒼勁的綠松相互交織時，
　　更是激盪出浩瀚的絕美秋色！

▲俯仰之際，峰嶺上雲霧飄渺　　▲凝望著山岳造型之美，細數著山壁上的刻痕

▼更是激盪出浩瀚的絕美秋色

而覺丹峰下，磊磊岩石，潺潺清泉，而那秋風染紅了楓葉，纖纖的隨清風搖曳，真是令人陶醉！緩緩的呼吸著秋色，悠悠的飽覽著山淥，天涯有夢，寄情在這微醺的秋景裡，也不禁令人想像著，昔日仙人是否在這岩峰上乘鶴升天？

◀覺丹峰下，磊磊岩石，潺潺清泉

◀而那秋風染紅了楓葉纖纖的隨清風搖曳

◀天涯有夢—寄情在這微醺的秋景裡

291

信步繼續前行，在楓紅如火的林蔭裡，見到圓右衛門的石碑，這是因為在江戶時代後期，由長田圓右衛門開設御岳新道，這是昇仙峽開發歷史的濫觴，後人在此立碑做為紀念。

▲信步前行在楓紅如火的林蔭裡

▲見到圓右衛門的石碑

秋風紅葉裡，沿溪而上，步道穿越巨石中，這是石門的勝境，從石縫中貪看溪谷美景，別有一番風味。

續行來到昇仙峽另一奇景，仙娥滝(仙娥瀑布)，而且此娥就是指著中國神話故事的嫦娥。瀑布之美不在高，而在於意境，仙娥瀑布落差高約30公尺，是日本百滝之一，雖然不是很高很大，但是造型曲折有致。流水優雅輕盈的從岩壁中落下，岩石上的青松古柏，點綴著那幾抹紅葉，真是清幽雅致裡又有著幾多的隱逸，感覺就是脫俗飄逸的美！

▲秋風紅葉裡沿溪而上

▲步道穿越巨石——石門的勝境

▲仙娥瀑布

▲繽紛的紅葉瀟灑展顏

▼大自然的美景真是令人心怡

　　仔細凝望，在這深山淺翠的幽谷中，白色的飛瀑，氤氳的水氣，枝葉縫隙灑落的午後陽光，七彩的光芒隱隱浮現，繽紛的紅葉瀟灑展顏。

　　大自然的美景真是令人心怡，不禁再次回盼時，在此幽靜山谷裡，瀑布溪流聲聲響，盈耳的水聲，有如繁弦脆管奏著清平曲調，伴隨仙娥曼妙身影，環繞婆娑燦爛樹影，如此的景致，彷彿秋日的幽夢隨風而來，悠然心境，空占楓紅徑。

　　過了仙娥瀑布，就到了商店街，昇仙峽以出產玉石聞名，所以這裡有許多玉石和寶石店，商店街旁就有個昇玉堂的小廟，堂中供奉的就是塊大玉石，而旁邊的九龍水晶，則是雕刻的精巧細緻。

◀過了仙娥瀑布就到了
商店街

◀商店街旁就有個昇玉
堂的小廟

◀而旁邊的九龍水晶，
則是雕刻的精巧細緻

▶這裡更有水晶寶
石博物館

　　這裡更有水晶寶石博物館，館內除了展覽漂亮的
手工玉石、玉器，當然也有雕飾好的玉石成品販賣，琳
瑯滿目，非常吸引人。

　　纜車站有個夫婦木姬之宮的神社，建築整體都呈
現出喜氣般的紅色，這神社主要是保佑夫妻感情和睦，
子嗣延綿，也保佑商務與交通安全。

　　神社旁楓紅如火，在綠意中顯得格外燦爛耀眼，
氤氳輕煙默默地漂泊藍天。而那遠處的秋山，有如曼舞
翩然五彩的霓裳，散發著絢爛的秋意，洋溢著極美的憧
憬情懷。

　　秋籟中的深思，楓紅搖曳中，來個巨峰葡萄的霜
淇淋，(山梨縣盛產葡萄與水梨)真是美味。

　　結束了美好的昇仙峽之旅，正是：

秋波多情處，紅葉掛枝頭，
秋意迷濛的景緻令人陶醉！
也令人惆悵……依戀著那絢爛的紅葉。
當那西風吹起，飄零的紅葉悄然落下，
切莫感傷，記憶留待明年的春泥，
櫻花盛開時……

▲纜車站有個夫婦木姬之宮的神社，
建築整體都呈現出喜氣般的紅色

◀那遠處的秋山，有如曼舞翩然五彩
的霓裳

◀來個巨峰葡萄的霜淇淋

欧洲篇
EUROPE

瑞士策馬特馬特洪峰 1

　　瑞士—這個離台灣遙遠的美麗國度！

　　歐洲脊樑阿爾卑斯山，豪邁的綿延逶邐，高聳磅礴的壯麗連峰，覆蓋著皚皚白雪。山坡青綠的牧草上，矗立一棟棟宛如童話世界的木屋，如此絕美的自然景觀裡，又有著良好的觀光設施，瑞士真是個適合旅遊，美景如畫的迷人國家！

　　盛夏時節，搭乘火車來到瑞士山間小鎮策馬特(Zermatt)，街道上遊人如織，相當熱鬧。

　　鎮上建築物非常典雅，樓房的小花圃百花盛開，是個非常迷人美麗的山城，而且是欣賞歐洲第一奇峰馬特洪峰 (Matterhorn) 最近的觀光小鎮，唯一的缺點的是物價昂貴！

▼山間小鎮策馬特

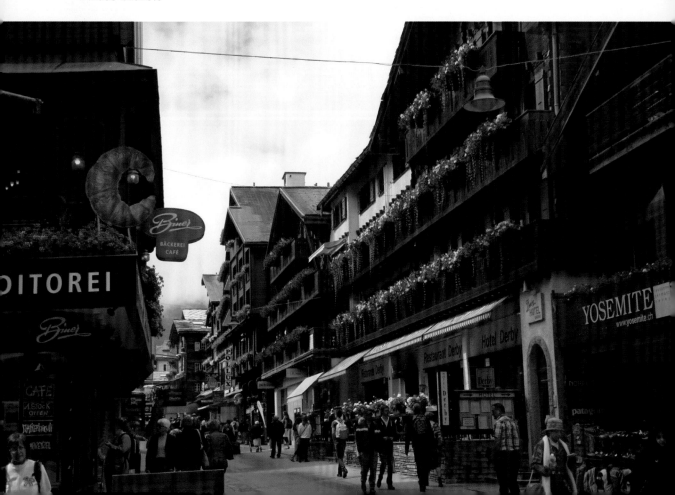

▲馬特洪峰忽然的顯現

　　午後準備搭登山火車直上 3089 公尺的 Gornergrat 展望點，火車沿著策馬特小鎮旁山坡而上，此時夏日山風正驅逐著雲霧飛馳，遠處積雪的山峰與蔚藍的穹蒼露出來了，原本的陰天正轉變成晴天，心情也跟著開朗起來。沿途特馬策鎮木屋重重疊疊而立，非常可愛美觀，而遠處雲煙繚繞，隱約遮掩著巨峰，山風呼喚白雲飛揚，吹散的山嵐，清晰的景致，馬特洪峰忽然的顯現，那巍峨峭拔的山勢，令人為之震撼……

　　火車繼續往上攀爬，穿過 Riffelbord-gallerie，經過 770 公尺長的防雪隧道，展望也越來越遼闊。登山步道上有許多健行者，幸福的盡情瀏覽馬特洪峰的英姿，我們則是輕鬆的在火車上欣賞美景……

　　那馬特洪峰，時而雲紗遮掩，時而一覽無遺，展現出無盡的風采……

▲時而雲紗遮掩

▲時而一覽無遺

　　火車來到羅滕博登 (Rotenbodent) 小站，這裡海拔已經是 2815 公尺，高山深谷，隔谷相望的馬特洪峰依然是雄偉壯麗。

　　不久之後，來到了火車終站，3089 公尺的 Gornergrat，這裡有間旅館，Kulmhotel Gornergrat，海拔約 3100 公尺，是全瑞士最高的旅館。旅館兩側是天文台，如果能在這裡住上一晚，觀星賞月望群山，那一定非常愜意。不過在 7，8 月份，這旅館早就全滿了……

▶馬特洪峰

▶ Kulmhotel Gornergrat 旅館

▲向北眺望 Gornergrat see
　湖就在腳下

◀高大山列橫亙

　　Gornergrat 這裡是絕佳的展望台，向北眺望，
Gornergrat see 湖就在腳下，圓潤的形狀，碧藍的湖水，
有如藍寶石般的亮麗！

　　隔著策馬特山谷，那裡有高大山列橫亙，著名的
山峰有 4516 公的魏斯峰 Weisshorn，另外綿延的高峰
有 4221 公的 The Zinalrothorn 4063 公的 Obergabelhorn
和 4357 公尺的 Dent Blanche，連接的巨峰在雲霧擁促
下，呈現出威武恢宏的萬千氣象……

　　往南望去，只見4000公尺以上的高峰匯聚，峰峰相連，遙接天際，磅礴的氣勢，迴盪在藍天白雲中，而山谷間，數條冰河盤據。壯麗無比的形勢裡，隱藏著亙古久遠的氣氛。

　　這裡的最高峰，也是瑞士的最高峰。羅莎峰 (Monte Rosa) 的頂巔杜富爾 (Dufourspitze) 海拔高達4634公尺，山形魁偉雄奇，有著睥睨一方的氣慨，只可惜風頭都被馬特洪峰搶走了，名氣並沒有那麼響亮，人們付與了山的名字，人們想像著山的聲譽，但是山的本身豈會在乎？

　　羅莎峰 (Monte Rosa) 依然是滿佈潔白冰雪，彷彿不屑庸俗人們的眼光，孤芳自賞般在煙雲深處裡，昂然而立……

▶ 4000公尺以上
　的高峰匯聚

▶羅莎峰

▲ 4527 公尺的 Liskamm 峰

▲左側的高納冰河右側葛倫茲
　冰河

　　羅莎峰 (Monte Rosa) 旁還有座巨峰，那是海拔 4527
公尺的 Liskamm 峰，山勢非常恢宏寬廣，兩山之間夾著葛
倫茲冰河 (Grenzgletscher)，葛倫茲冰河和羅莎峰 (Monte
Rosa) 左側的高納冰河 (Gornergletscher) 會合，仍然稱為
高納冰河 (Gornergletscher)。

　　Liskamm 峰繼續延伸有兩座突出山峰，那是 4228 公尺的
Castor 峰，4092 公尺的 Pollux 峰。

　　這兩座山峰滿佈冰凍的白雪，在陽光的照耀下，有如冰清玉潔
的神聖山峰。

　　Pollux 峰旁有寬大的布萊特峰冰河 (Breithorngletscher)，冰河
旁又有一巍然巨峰，龐大的山勢裡三峰矗立，依次為 4141 公尺的

◀ Castor 峰與 Pollux 峰

▲ Breithorn 三峰矗立

▲馬特洪峰

東 Breithorn，4156 公尺中 Breithorn 和 4164 公尺的西 Breithorn 峰，在堆石疊裡，展現出壯闊的氣度……

　　從這裡之後，山稜變的陷落低矮，不再有 4000 公尺級的山峰，宛如在醞釀著無比的能量，準備創造個驚人之舉……視線隨著山稜的沿伸，一座擎天巨峰高高的矗立，這就是眾所皆知的阿爾卑斯山第一奇峰，海拔 4478 公尺的馬特洪峰 (Matterhorn)。

▲馬特洪峰

　　馬特洪峰 (Matterhorn) 四面都是近乎垂直的巉巖峭壁，周遭落差都有 1000 公尺，是座奇特的孤傲山峰。山壁因為過於陡峭，只有粉飾著些許白雪，那峭拔尖銳的山形，磊落的輪廓，劃過蔚藍的天際，不禁令人遐想著能否多在山中多住幾日，享受這如詩如畫的唯美山景，正是眼前美景盡收覽，身外浮名盡可輕！

　　仰望雪山嫵媚，莫望腳上花草亦芬芳，夏日的野花白色的繁縷花 (Greater Stitchwort)、紫色飛蓬屬的高山菊花 (Erigeron neglectus)，也為這山林帶來迷人的顏色。

▲白色的繁縷花 Greater Stitchwort

▲紫色飛蓬屬的高山菊花

這裡除了壯麗的山色外，由於地勢高亢，成為冰河匯集的地方，造就許多冰河地形的特殊景觀。不過因為地球暖化，冰河消退很快，我們可以清晰看到許多冰蝕湖的景色。冰蝕湖是冰河將地表岩層磨蝕成低陷狀，於冰河消退後，積水成冰蝕湖，這些亮麗的冰蝕湖，看起來晶瑩剔透，藍的令人陶醉，而且湖泊出口也因冰雪融化很快，有著瀑布般的流水……

▲這些亮麗的冰蝕湖，看起來晶瑩剔透，藍的令人陶醉

▲而且湖泊出口也因冰雪融化很快，有著瀑布般的流水

近年來阿爾卑斯山區，冰河融化的速度加快，而這些冰河的縮小，這是地球暖化現象的指標。望著這冰河融化形成的冰洞，彷彿是冰河無助的眼睛，癡呆的望著上天……期盼著人們能夠節約減碳，保護地球環境。

感嘆中回程坐著登山火車，原路而返。山上氣候變化真快，沒想到黃昏時候雲霧籠罩，竟然下起雨來……晚餐我們在鎮上 Du pont 餐廳，享受標準的瑞士風味餐，除了炸豬排餐，德國香腸等當地料理外，更吃著熱騰騰的起司鍋。

在冷冷的山上，感覺非常溫暖，也度過充實愉快的一天，晚上就寢時，闔上雙眸……那馬特洪峰獨樹一幟的造型，彷彿悠然的浮現眼前……

▼彷彿是冰河無助
　怨懟的眼睛

▲兩種口味起司鍋

資料篇

3089 公尺的 Gornergrat 上的旅館，Kulmhotel Gornergrat，網站：
www.gornergrat-kulm.ch/en/kulmhotel-gornergrat/hotel/

瑞士策馬特馬特洪峰2

夜晚的策馬特，山風颼颼，簷收夜雨，雲霧繚繞，不見星空。

晨間雨勢暫歇了，漫步於策馬特小鎮，策馬特的角落，有數棟老舊的木屋，斑駁的木痕，石壁的青苔，彷彿是被人淡忘似的，古意盎然，而道旁的法國波斯菊，正嫵媚的綻放。

▶有數棟老舊的木屋

▶而道旁的法國波斯菊，正嫵媚的綻放

午餐過後，颼颼的山風，散去的雲霧，等待中的藍天終於出現，若隱若現的馬特洪峰，那無比的絕代風華顯得是深藏不露。準備搭纜車上山了，計劃是到 3883 公尺的小馬特洪峰冰河天堂欣賞冰河宮殿。只是……風雖然吹走了雲煙，但是由於風勢太大，到 3883 公尺的小馬特洪峰纜車也因而停駛，只能到 2939 公尺的 Trockener Steg。

莫想辜負大好難得的清空白雲，還是搭纜車上山走走，望著越來越小的特馬特鎮，我們到達海拔 1867 公尺的 Furi，將在這裡轉換纜車。

▲若隱若現的馬特洪峰

▼望著越來越小的特馬特鎮

▲野花盛開點綴著綠色
大地，棟棟木屋悄然
的矗立

先到附近散步一下，在這裡可以體會到瑞士山林
原野之美，清新的牧草輕鋪著大地，綠的令人迷惘陶
醉，野花盛開點綴著綠色大地，棟棟木屋悄然的矗立，
策馬特鎮藏匿谷地，雲海也悠遊山谷，遠處天際白雲飛
揚，層疊山峰高高聳立，這宛如置身童話世界般的景
致，正是…美夢時美景繞，身為遊子，對景自陶然……
繼續搭纜車直上，到達海拔 2939 公尺的 Trockener

▶遠處天際白雲飛揚，
層疊山峰高高聳立

314

Steg，從展望點往北望去，策馬特鎮靜靜的橫陳於山谷之中，煙雲迴盪於山谷間，恰似捎來些許的迷惘。谷地旁兩側雪峰高高聳立，左邊是 4221 公的 Zinalrothorn 峰，右側隱藏於雲中的是 4545 公尺的 Dom 峰，真是壯麗的景致。

信步走向纜車站下方海拔約 2860 公尺， 的 Theodulgletschersee 湖，依偎在湖畔，這裡彷彿是世界盡頭邊般。視野遼闊，湖光山色宛如夢境，奇峻岩嶢的馬特洪峰，雄偉的矗立眼前，那超過 1600 公尺的落差，尖銳的山形在眼前凜然屹立。而山壁上，陡峭的只有粉鋪薄雪，真是令人敬畏的奇峰。

◀谷地旁兩側雪峰高高聳立

◀奇峻岩嶢的馬特洪峰，
雄偉的矗立眼前

▲山影並沒有飄落湖面，只有雲影翩然的掠過湖面

▼凝望風兒戲弄著山嵐

▼山與雲纏綿緋惻的情境

　　午後強勁的山風，攪亂著湖心，山影並沒有飄落湖面，只有雲影翩然的掠過湖面，呈現出另一種如夢似幻的美。

　　凝望風兒戲弄著山嵐，靜觀煙雲迷戀著山峰，風籟中的雲彩，時而眷戀山巒，時而飄散無蹤，山與雲纏綿緋惻的情境，陶醉之意，佈滿長空。

Theodulgletschersee 湖雖然沒有清晰倒影，但是在淺淺融雪水流裡，卻隱約著馬特洪峰的倒影。

　　而湖旁還有個小水池，山風吹起的陣陣漣漪裡，也有著奇峰的倒影，風在吹拂，雲在飛舞，水在波動，唯有那馬特洪峰，屹立不搖的聳立，山、水、雲、風交織著綺麗動人的美景，此時此刻……

　　萬里晴空雲飛揚，天光水色交輝映；
　　坐對名山心澄澈，有如不在塵寰間。

▲但是在淺淺融雪水流裡，卻隱約著馬特洪峰的倒影。　▲山風吹起的陣陣漣漪裡，也有著奇峰的倒影

　　搭程纜車回到策馬特鎮，陽光下的街景非常亮麗清新，鎮中的教堂，美麗的水池造景，都非常的迷人。

　　而回首一望，在粉紅色的 Fireweed pink 粉紅柳蘭，柳草飄逸裡，馬特洪峰迎著斜陽，仍然是巍然的聳立。名山奇峰，總是如此的瀟灑孤傲，總是如此的夢幻醉人，願心靈永繫那夢幻的煙雲山巒，思緒不輟。清風拂面時，依然不禁的再次回眸一望……

▲山，水，雲，風，交織著綺麗動人的美景

▲回到策馬特鎮，陽光下的街景非常亮麗清新

▲鎮中的教堂

▲美麗的水池造景

▶清風拂面時，依然不
禁的再次回眸一望

　　此時，街道中突然熱鬧起來，羊群正漫步街道，牧童趕羊而歸，這裡牧童沒有人想像那麼輕鬆閒散，更沒有吹著笛聲那麼悠然雅致。羊兒常常啃食路旁住家花草，牧童必須努力吆喝制止，非常的盡職。

　　職業是不分貴賤，貴在盡其本份，盡其職位，有些權重的政客與營利的商人，不顧良心，只顧名利，真是遠遠不如鄉間的牧童。

　　可愛的羊兒逛街，牧童雖然能夠控制羊群，但不能夠控制其天性，街上留下著一顆顆圓圓的羊屎。

　　晚上8點時分，從旅館附近仰望馬特洪峰，此時正是夕陽西下，斷霞散彩，殘陽倒影，餘暉染橘山上的

白雪，彩雲依舊依偎山峰，當您沉醉於柔美的山色時，彷彿忘卻時光的存在。

夜色低垂，繁星點點，悄悄的劃過夜空，馬特洪峰在夜幕裡，還是氣象萬千，高高的聳立，風清星亮，山峰巍巍，此時此境，有誰曾知，遊人多少深情，長記得在馬特洪峰下……

▲羊群正漫步街道，牧童趕羊而歸

▲街上留著一顆顆圓圓的羊屎

▲餘暉染橘山上的白雪，彩雲依舊依偎山峰

▲馬特洪峰在夜幕裡，還是氣象萬千，高高的聳立

台灣篇
TAIWAN

南湖大山圈谷秘境

　　常常在國外欣賞到冰河的美景，很難想像的在亞熱帶的台灣，萬年之前，也有壯麗的冰河。尤其在南湖大山的圈谷，更是明顯。雖然現在冰河已經褪去，但是彷彿山區還洋溢著冰河的遠古氣息。

　　翻山越嶺，來到南湖主峰與東峰之間的平坦鞍部，這裡是以前台灣高山唯一冰帽的分布區。

　　據研究，萬年前的冰河時期，這裡可能堆積著數百公尺的冰雪，形成冰帽地形，而數道冰河就從這裡分佈而下。那是多麼壯觀的景象，淡看世間，幾度今古，韶光一瞬，便成流水。

　　昔日的冰河退縮消失，只留下今日板岩碎石的石漠景象。

▼翻山越嶺

昔日的冰帽，今日的碎石，優雅的圓柏，壯麗的山色，漫步在這裡，是無窮的享受！

　　現在這廣大板岩碎屑的荒原石漠，在陽光照射下，碎石閃閃發光，泛銀的光亮，彷彿萬年前的冰雪反光。

▲昔日的冰帽

▲荒原石漠

325

　　山景如畫中，閒情躑躅，微塵濯盡，徜徉南湖冰河庭園奇景，而那……山風微來，煙和露潤。那香青圓柏隱隱的清香，彷彿是遠古冰河的芬芳，如此的良辰美景，時間彷彿被凍結，令人不禁放慢腳步，感受這天地悠悠的意境！

　　而遠處碧空寥廓，天光相接，南湖東峰的岩壁，更是熠熠生輝，如此珍貴而奇妙的地理景色，真是台灣高山珍貴的瑰寶。

▲石漠中的香青圓柏隱隱的清香，彷彿是遠古冰河的芬芳

▲感受這天地悠悠的意境

▲南湖東峰的岩壁，更是熠熠生輝

▲如此珍貴而奇妙的地理景色，真是台灣高山珍貴的瑰寶

▲邁向南湖大山主峰

◀高山杜鵑

　　邁向南湖大山主峰，那蜿蜒的步道旁，淡淡的六月天，高山杜鵑，總是嘆息著春日的遲緩，雖有絲絲幽怨，卻仍然盡情的綻放。

▲光禿的石漠景觀

▲東峰與主峰間的石漠，就是冰帽所在

▲南湖上下圈谷

　　有了玉山杜鵑的點綴，大地景色變得活潑生動，從高俯瞰，可以清楚的看欣賞那昔日壯觀的冰貌地形。光禿的石漠景觀，很難想像昔日有著厚厚冰層鋪蓋。南湖上下圈谷，有著優美的弧線造型，只能意會萬年前有數道壯麗冰河綿延。人生百歲，想像這一萬年的歷史，感覺十分長久，但是在地球 46 億年的歲月來說，卻是轉瞬間的光陰。萬年前的冰河，今日已經杳然無蹤，山外來去煙雲，人在山巔凝顧，令人不禁感到渺小的如滄海一粟，滄海桑田之概油然而生。

來到南湖大山山巔，山景如畫，峰巒綿延，凝望這層層疊疊的山峰，山巒不但壯麗，而且涵養著無限水源，孕育出青草，綠樹與大地，真是有著許多的內涵與奧義，人如果只有財富或美貌，但是沒有涵養，亦是徒然。

▲山景如畫，峰巒綿延，聖稜線

▲大霸尖山小霸尖山

晨曦山中山，尖山指天際。
風情憶舊日，悠然不知老。

　　南湖大山的南邊就是中央尖山，中央尖山是個人最鍾愛
的高山，回想數十年前，曾經有幸造訪中央尖山，立於山巔
的巨石之上，然而……今日晨曦僾僾，脈脈千里，那蹉跎的

◀尖山指天際　　▲中央尖山　　▼回到石漠區

　　青春,有如那山中歲月的飛馳,往日的青春年華,豪情千萬,
追憶只能依稀迴盪在這壯麗的萬重山水裡!

　　回到石漠區,一片石漠荒蕪,山外煙雲漸起,人在深山
躑躅,如此的奇特美景,令人不禁再次放慢腳步,緩緩流連,
從這裡要直下南湖下圈谷到山屋。

▲南湖下圈谷中

▶台灣最迷人的山谷

▶南湖上下圈谷

徜徉於南湖下圈谷的山徑，彷彿隨著久遠冰河的遲遲足跡，以著緩慢的步調，盡情瀏覽這良辰美景。羅列的大小岩石，遍開的高山花朵，匍匐的碧綠香青，這真是謐靜美麗的冰河庭園，更是台灣最迷人的山谷。

　　昔日冰河已褪去，今日谷地美如畫。
　　飛雲不盡青山影，世間瑣事盡遺忘。

　　從南湖大山歸來後，每當春日閒暇時，總是回想著南湖大山等壯麗的山峰，也惦念著這南湖大山的杜鵑花，是否依然盛開，思緒裡，彷彿又嗅覺到那遠古冰河的氣息。

▼南湖中央尖

雪山勝境與秋色的記憶

　　從雪山回來已然數載，但是美好的記憶，總是隨時縈迴於心中，每當秋意藉由西風，輕輕地抹上樹梢枝頭，就會想起那雪山壯麗山勢與秋色風光。

　　雪山主峰，海拔 3886 公尺，是台灣第二高峰。而雪山主峰下的圈谷，是冰河遺跡，這是當年日本博物學家鹿野忠雄所繪製的一號圈谷，在冰河時期，這裡是條長約 4 公里，厚約 200 公尺的壯麗冰河。

▼雪山主峰下的圈谷

▲俯瞰雪山一號圈谷　　▼北稜角與聖稜線

　　有幸造訪雪山主峰，俯瞰雪山一號圈谷，往昔凜凜的冰河，在時光流轉裡失去蹤影，北邊北稜角與聖稜線，宛若遊龍般的層層峰巒，岩嶢壯觀呈現眼前。

▲翠池　　▼附近的圈谷

　　從雪山主峰向西而降，翩然來到海拔3520公尺的翠池，這是台灣海拔最高的高山湖泊。翠池長約40公尺，寬約20公尺，雖然不大但是終年不涸，池水滿時從石堆溢出，形成雪山溪的源頭，翠池周遭盡是千年的玉山圓柏，真是環境優美的清靜勝地。

　　而且奇特的是，這翠池是台灣非常罕見的冰斗湖，早在1934年，鹿野忠雄首先發現翠池是冰斗湖，而且把附近的圈谷編成7號圈谷。現在翠池的前端，據研究還有兩道明顯冰坎的痕跡，而仰望雪山主峰和北稜角曲線優美的U字形鞍部，這更是罕見的冰蝕埡口地形，遠古的冰河在這稜線堆積分流，把稜脈慢慢的侵蝕，逐漸形成U字形的鞍部，稱為冰蝕埡口(glaciers col)，如此奇特的景觀，更是台灣地理的瑰寶。

▲ U 字形鞍部

◀雲縫中的陽光下，翠池
山屋旁有兩位志工義務
努力撿拾垃圾

此時……雲縫中的陽光下，翠池山屋旁有兩位志
工義務努力撿拾垃圾，令人感到無限的溫暖與光明，
但是……想到沿途步道看到許多的煙蒂與垃圾，而且，
目前有些台灣人仍不知道台灣最高湖泊翠池為何物？

常常感嘆，總覺得台灣教育，缺乏著對國土的熱
愛與公德心的教導，忽略對保護環境與尊崇自然的教
誨，不禁令人無奈的嘆息！

除了冰河地形遺跡之外，金風送爽的 10 月份，更是雪山秋意迷漫的季節，特別是雪山東稜上，美麗的巒大花楸與蒼茫的高山芒花，形成一幅幅明媚迤邐的美景。

巒大花楸 (Sorbus randaiensis Koidz)，分佈在 1800 公尺到 3200 公尺的台灣山地裡，這是台灣特有的種類，據說最早在巒大山發現而得名。在超過 3000 公尺的雪山地區的巒大花楸，於七月盛夏時，綻放著白色的小花朵。每當霜秋時節，巒大花楸的片片羽葉，蛻變成紅黃的秋色霓裳。而花朵凋零後，果實已然成熟，轉換成亮麗的橘紅色，彷彿把夏日時所吸收豔陽的熱情，昇華成火紅般的燦爛，美不勝收！

而那高山芒，為多年生的宿根性草本，長約 30-80 公分，芒花為圓錐花序，分布在海拔 2000 到 3400 公尺的山上。

回想著那日的午後，佇立雪山東峰上，秋天的芒花搖曳，遠處南湖大山與中央尖山雄偉屹立。芒花之輕柔，山峰之剛毅，在雲霧與西風裡，真是壯麗的好山美景！

▶美麗的巒大花楸與
　蒼茫的高山芒花

信步東峰稜線上，天清雲高，
箭竹淺鋪，高山芒花隨風飄搖。
彷彿吟誦著秋意的呢喃，隨意散落的巒大花楸，
盡情的散發秋意，閃爍亮麗的纍纍果實，
彷彿是那散落的紅寶石，紛紅色彩的葉片，
有如秋日的燦爛與浪漫！

▲秋天的芒花搖曳，遠
處南湖大山與中央尖
山雄偉屹立

▲午後的東峰稜線上，天清雲高，箭竹淺鋪

▲閃爍亮麗的纍纍果實，彷彿是那散落的紅寶石

▲紛紅色彩的葉片，如秋日的燦爛與浪漫

　　三六九山莊附近是巒大花楸最密集的地方，默默凝望，深秋午後的斜陽，高山芒草的芒花隨風搖曳，白茫茫的景致裡，枝影扶疏，芒花交織著巒大花楸，呈現出絕美的景致。

◀三六九山莊附近是巒大花
楸最密集的地方

◀三六九山莊附近是巒大花
楸最密集的地方

◀芒花交織著巒大花楸，
呈現出絕美的景致

秋籟深遠，貪看周遭景致。附近山坡起伏有致，青黃箭竹芒草滿鋪，蕭索的情境，彷彿怨懟著寒晚的薄霜。然而，綠意古松昂然，巒大花楸嬌媚，有如依偎著秋日的暖陽，把這輕寒的高嶺，帶來浪漫的詩情畫意，灑落著悠然的憧憬情懷，彩繪著醉人的美好大地。

▲貪看周遭景致，附近山坡起伏有致

▲這秋霜紅葉

　　巒大花楸飄揚的是燦爛的秋色，而高山芒花則是
散發著寂寥的秋意，記得那時高崗上：

　　天際茫茫，遠岫青青，
　　紅葉粲粲，芒花寥寥，
　　高山斜陽下，惱人的西風，
　　卷起著天空的煙雲，拂拭著芒草的白花。

▲凝望那遠處獨立的枯樹

芒花紛紛，有如波浪的起浮，在陰晴光影裡，呈現出各種明暗的變化，凝望那遠處獨立的枯樹，靜賞那孤處的巒大花楸，如此遼闊蒼茫的景致，令人讚頌，也令人感傷，但問……西風過後何時回？卻是煙雲杳無蹤，輕愁……總是在那茫然的時刻！

▶靜賞那孤處的巒大花楸

然而夕陽西下後，隔日朝陽依然東升，下山回程裡，晨光中的秋色，顯得格外的柔和迷人。那輕柔溫暖的秋波，彷彿把昨日的愁思，化為澄澈開朗的秋意，紅色的巒大花楸仍然點綴著山巒，甘木林山下的三六九山莊依稀可見，而那煙雲渺渺徘徊下的雪山主峰，磅礡的昂然而立！

▲晨光中的秋色　　　▼紅色的巒大花仍然楸點綴著山巒

▲品田山　　▼桃山

　　如此良辰美景裡，只見……柔和的山色緩緩淌進了心靈，青松古柏中，茅草搖曳裡……

　　穆特勒布山、品田山、桃山紛紛展現著渾然天成的氣象萬千，人在大自然裡顯得格外的渺小，那登山望遠的豪邁之情，不禁悄悄轉化為謙卑之心。

▲紅葉掩映中，那中央
尖山遠遠矗立

　　楚天秋色自多情，雲捲煙浮風漸起，紅葉掩映中，
那中央尖山遠遠矗立。中央尖山，海拔 3705 公尺，台
灣三尖之首。秋風吹拂煙雲，遙峰秀疊，溪山不盡知多
少！山風送來秋意，也帶來秋思，回憶當年曾經佇足山
巔，驀然回首……已經是數十幾年前的光景了，多少青
春往事，思悠悠，正有如煙雲般的夢幻。

　　秋風嫋，紅葉翩然，這是一年中短促的璀璨。
　　逍遙遊，擁抱山林，這是人生裡短暫的悠閒。
　　勸君戀，勸君汲取，那將是永久的美好回憶！

資料篇：

雪霸國家公園網站：

http://www.spnp.gov.tw/

附錄地圖

Mount Edith Cavell ★ 亞伯達省　　加拿大
BC省　　歐哈拉湖　★ Banff弓河

★ 貝克山 Mt Baker

★ 雷尼爾山
華盛頓州

★ 彩繪山國家紀念地
奧勒岡州
北安卡河瀑布群
火山口湖國家公園

美國

褐鈴山Maroon Bells　★★ 艾伯特山Mount Elbert
科羅拉多州
羚羊峽谷Antelope Canyon　★ 大沙丘國家公園

馬蹄灣
亞利桑那州

▲本書美加篇的大概地圖位置

後 記

世界山水旅情，
招來滿身悠然。
台灣高山美景，
喚起無數嬋娟。

是的……
台灣高山，
除了山水壯麗迷人外，
更是令吾人滿懷回憶之情與鄉土之意。

或許那台灣高山旅情詩畫，
已經開始蘊釀……

莊大青

國家圖書館出版品預行編目資料

山水旅情詩畫 / 莊大青著 . -- 初版 . -- 臺北市：
博客思，2020.05　面；　公分 . -- (生活旅遊；21)
ISBN 978-957-9267-55-7(平裝))

1. 遊記 2. 旅遊文學 3. 世界地理

719　　　　　　　　　　　　109002235

生活旅遊 21

山水旅情詩畫

作　　者：莊大青

編　　輯：沈彥伶

美　　編：涵設

封面設計：涵設

出 版 者：博客思出版事業網

發　　行：博客思出版事業網

地　　址：台北市中正區重慶南路 1 段 121 號 8 樓之 14

電　　話：(02)2331-1675 或 (02)2331-1691

傳　　真：(02)2382-6225

E—MAIL：books5w@gmail.com 或 books5w@yahoo.com.tw

網路書店：http://bookstv.com.tw/
　　　　　https://www.pcstore.com.tw/yesbooks/
　　　　　https://shopee.tw/books5w
　　　　　博客來網路書店、博客思網路書店
　　　　　三民書局、金石堂書店

總 經 銷：聯合發行股份有限公司

電　　話：(02) 2917-8022　傳 真：(02) 2915-7212

劃撥戶名：蘭臺出版社 帳號：18995335

香港代理：香港聯合零售有限公司

電　　話：(852)2150-2100　傳真：(852)2356-0735

出版日期：2020 年 5 月 初版

定　　價：新臺幣 480 元整（平裝）

ISBN：978-957-9267-55-7